最新法律文件解读丛书

行政与执行法律文件解读

总第 158 辑(2018.2)

最新法律文件解读丛书编选组　编

人民法院出版社

图书在版编目(CIP)数据

行政与执行法律文件解读. 总第158辑/最新法律文件解读丛书编选组编. —北京:人民法院出版社,2018.7
(最新法律文件解读丛书)
ISBN 978-7-5109-2217-6

Ⅰ.①行…　Ⅱ.①最…　Ⅲ.①行政法-法律解释-中国
Ⅳ.①D922.105

中国版本图书馆CIP数据核字(2018)第176776号

行政与执行法律文件解读·总第158辑
最新法律文件解读丛书编选组　编

责任编辑　张　奎
出版发行　人民法院出版社
地　　址　北京市东城区东交民巷27号　邮编　100745
电　　话　(010)67550673(责任编辑)　67550558(发行部查询)
　　　　　65223677(读者服务部)
客服QQ　2092078039
网　　址　http://www.courtbook.com.cn
E-mail　courtbook@sina.com
印　　刷　三河市国英印务有限公司
经　　销　新华书店
开　　本　787×1092毫米　1/16
字　　数　140千字
印　　张　8
版　　次　2018年7月第1版　2018年7月第1次印刷
书　　号　ISBN 978-7-5109-2217-6
定　　价　22.00元

卷首语

2018 年 2 月 22 日，最高人民法院公布《关于执行和解若干问题的规定》（以下简称《执行和解规定》）、《关于执行担保若干问题的规定》（以下简称《执行担保规定》）以及《关于人民法院办理仲裁裁决执行案件若干问题的规定》（以下简称《仲裁裁决执行规定》），最高人民法院执行局局长孟祥对三个司法解释进行了情况通报。《执行和解规定》的主要内容为：一是明确区分执行和解与执行外和解；二是明确不得依据和解协议出具以物抵债裁定；三是明确申请执行人可以就执行和解协议提起诉讼；四是明确恢复执行的条件；五是明确执行和解协议中担保条款的效力。《执行担保规定》重点对以下四个方面予以明确：一是执行担保的担保事项；二是执行担保的实现方式；三是执行担保的担保期间；四是执行担保的追偿权。《仲裁裁决执行规定》主要涉及五方面的内容：一是适当调整仲裁裁决执行案件的管辖；二是明确裁决执行内容不明确具体的认定标准及处理方法；三是适当拓展申请不予执行的主体范围；四是统一不予执行仲裁裁决的审查标准；五是明确撤销仲裁裁决与不予执行仲裁裁决司法审查的程序衔接。

2018 年 1 月 8 日，最高人民法院发布《关于审理涉及夫妻债务纠纷案件适用法律有关问题的解释》（以下简称《解释》）。《解释》共四条，主要包括三方面内容：一是共同意思表示所负的夫妻共同债务的认定；二是家庭日常生活所负的夫妻共同债务的认定；三是债权人能够证明的夫妻共同债务。《解释》的出台有利于解决实践中出现的“假离婚、真逃债”导致的执行难问题，能够遏制恶意讨债损害债权人利益的现象，维护市场交易安全。

目 录

[司法解释、司法指导性文件与解读]

最高人民法院
关于执行和解若干问题的规定

法释〔2018〕3号

（2017年11月6日最高人民法院审判委员会第1725次
会议通过　2018年2月22日最高人民法院
公告公布　自2018年3月1日起施行）

为了进一步规范执行和解，维护当事人、利害关系人的合法权益，根据《中华人民共和国民事诉讼法》等法律规定，结合执行实践，制定本规定。

第一条　当事人可以自愿协商达成和解协议，依法变更生效法律文书确定的权利义务主体、履行标的、期限、地点和方式等内容。

和解协议一般采用书面形式。

第二条　和解协议达成后，有下列情形之一的，人民法院可以裁定中止执行：

（一）各方当事人共同向人民法院提交书面和解协议的；

（二）一方当事人向人民法院提交书面和解协议，其他当事人予以认可的；

（三）当事人达成口头和解协议，执行人员将和解协议内容记入笔录，由各方当事人签名或者盖章的。

第三条　中止执行后，申请执行人申请解除查封、扣押、冻结的，人民法院可以准许。

第四条 委托代理人代为执行和解，应当有委托人的特别授权。

第五条 当事人协商一致，可以变更执行和解协议，并向人民法院提交变更后的协议，或者由执行人员将变更后的内容记入笔录，并由各方当事人签名或者盖章。

第六条 当事人达成以物抵债执行和解协议的，人民法院不得依据该协议作出以物抵债裁定。

第七条 执行和解协议履行过程中，符合合同法第一百零一条规定情形的，债务人可以依法向有关机构申请提存；执行和解协议约定给付金钱的，债务人也可以向执行法院申请提存。

第八条 执行和解协议履行完毕的，人民法院作执行结案处理。

第九条 被执行人一方不履行执行和解协议的，申请执行人可以申请恢复执行原生效法律文书，也可以就履行执行和解协议向执行法院提起诉讼。

第十条 申请恢复执行原生效法律文书，适用民事诉讼法第二百三十九条申请执行期间的规定。

当事人不履行执行和解协议的，申请恢复执行期间自执行和解协议约定履行期间的最后一日起计算。

第十一条 申请执行人以被执行人一方不履行执行和解协议为由申请恢复执行，人民法院经审查，理由成立的，裁定恢复执行；有下列情形之一的，裁定不予恢复执行：

（一）执行和解协议履行完毕后申请恢复执行的；

（二）执行和解协议约定的履行期限尚未届至或者履行条件尚未成就的，但符合合同法第一百零八条规定情形的除外；

（三）被执行人一方正在按照执行和解协议约定履行义务的；

（四）其他不符合恢复执行条件的情形。

第十二条 当事人、利害关系人认为恢复执行或者不予恢复执行违反法律规定的，可以依照民事诉讼法第二百二十五条规定提出异议。

第十三条 恢复执行后，对申请执行人就履行执行和解协议提起的诉讼，人民法院不予受理。

第十四条 申请执行人就履行执行和解协议提起诉讼，执行法院受理后，可以裁定终结原生效法律文书的执行。执行中的查封、扣押、冻结措施，自动转为诉讼中的保全措施。

第十五条 执行和解协议履行完毕，申请执行人因被执行人迟延履行、瑕疵履行遭受损害的，可以向执行法院另行提起诉讼。

第十六条 当事人、利害关系人认为执行和解协议无效或者应予撤销的，可以向执行法院提起诉讼。执行和解协议被确认无效或者撤销后，申请执行人可以据此申请恢复执行。

被执行人以执行和解协议无效或者应予撤销为由提起诉讼的，不影响申请执行人申请恢复执行。

第十七条 恢复执行后，执行和解协议已经履行部分应当依法扣除。当事人、利害关系人认为人民法院的扣除行为违反法律规定的，可以依照民事诉讼法第二百二十五条规定提出异议。

第十八条 执行和解协议中约定担保条款，且担保人向人民法院承诺在被执行人不履行执行和解协议时自愿接受直接强制执行的，恢复执行原生效法律文书后，人民法院可以依申请执行人申请及担保条款的约定，直接裁定执行担保财产或者保证人的财产。

第十九条 执行过程中，被执行人根据当事人自行达成但未提交人民法院的和解协议，或者一方当事人提交人民法院但其他当事人不予认可的和解协议，依照民事诉讼法第二百二十五条规定提出异议的，人民法院按照下列情形，分别处理：

（一）和解协议履行完毕的，裁定终结原生效法律文书的执行；

（二）和解协议约定的履行期限尚未届至或者履行条件尚未成就的，裁定中止执行，但符合合同法第一百零八条规定情形的除外；

（三）被执行人一方正在按照和解协议约定履行义务的，裁定中止执行；

（四）被执行人不履行和解协议的，裁定驳回异议；

（五）和解协议不成立、未生效或者无效的，裁定驳回异议。

第二十条 本规定自2018年3月1日起施行。

本规定施行前最高人民法院公布的司法解释与本规定不一致的，以本规定为准。

最高人民法院
关于执行担保若干问题的规定

法释〔2018〕4号

（2017年12月11日最高人民法院审判委员会第1729次会议通过　2018年2月22日最高人民法院公告公布　自2018年3月1日起施行）

为了进一步规范执行担保，维护当事人、利害关系人的合法权益，根据《中华人民共和国民事诉讼法》等法律规定，结合执行实践，制定本规定。

第一条　本规定所称执行担保，是指担保人依照民事诉讼法第二百三十一条规定，为担保被执行人履行生效法律文书确定的全部或者部分义务，向人民法院提供的担保。

第二条　执行担保可以由被执行人提供财产担保，也可以由他人提供财产担保或者保证。

第三条　被执行人或者他人提供执行担保的，应当向人民法院提交担保书，并将担保书副本送交申请执行人。

第四条　担保书中应当载明担保人的基本信息、暂缓执行期限、担保期间、被担保的债权种类及数额、担保范围、担保方式、被执行人于暂缓执行期限届满后仍不履行时担保人自愿接受直接强制执行的承诺等内容。

提供财产担保的，担保书中还应当载明担保财产的名称、数量、质量、状况、所在地、所有权或者使用权归属等内容。

第五条　公司为被执行人提供执行担保的，应当提交符合公司法第十六条规定的公司章程、董事会或者股东会、股东大会决议。

第六条　被执行人或者他人提供执行担保，申请执行人同意的，应当向人民法院出具书面同意意见，也可以由执行人员将其同意的内容记入笔录，并由申请执行人签名或者盖章。

第七条 被执行人或者他人提供财产担保，可以依照物权法、担保法规定办理登记等担保物权公示手续；已经办理公示手续的，申请执行人可以依法主张优先受偿权。

申请执行人申请人民法院查封、扣押、冻结担保财产的，人民法院应当准许，但担保书另有约定的除外。

第八条 人民法院决定暂缓执行的，可以暂缓全部执行措施的实施，但担保书另有约定的除外。

第九条 担保书内容与事实不符，且对申请执行人合法权益产生实质影响的，人民法院可以依申请执行人的申请恢复执行。

第十条 暂缓执行的期限应当与担保书约定一致，但最长不得超过一年。

第十一条 暂缓执行期限届满后被执行人仍不履行义务，或者暂缓执行期间担保人有转移、隐藏、变卖、毁损担保财产等行为的，人民法院可以依申请执行人的申请恢复执行，并直接裁定执行担保财产或者保证人的财产，不得将担保人变更、追加为被执行人。

执行担保财产或者保证人的财产，以担保人应当履行义务部分的财产为限。被执行人有便于执行的现金、银行存款的，应当优先执行该现金、银行存款。

第十二条 担保期间自暂缓执行期限届满之日起计算。

担保书中没有记载担保期间或者记载不明的，担保期间为一年。

第十三条 担保期间届满后，申请执行人申请执行担保财产或者保证人财产的，人民法院不予支持。他人提供财产担保的，人民法院可以依其申请解除对担保财产的查封、扣押、冻结。

第十四条 担保人承担担保责任后，提起诉讼向被执行人追偿的，人民法院应予受理。

第十五条 被执行人申请变更、解除全部或者部分执行措施，并担保履行生效法律文书确定义务的，参照适用本规定。

第十六条 本规定自2018年3月1日起施行。

本规定施行前成立的执行担保，不适用本规定。

本规定施行前最高人民法院公布的司法解释与本规定不一致的，以本规定为准。

最高人民法院

关于人民法院办理仲裁裁决执行案件若干问题的规定

法释〔2018〕5号

（2018年1月5日最高人民法院审判委员会第1730次会议通过　2018年2月22日最高人民法院公告公布　自2018年3月1日起施行）

为了规范人民法院办理仲裁裁决执行案件，依法保护当事人、案外人的合法权益，根据《中华人民共和国民事诉讼法》《中华人民共和国仲裁法》等法律规定，结合人民法院执行工作实际，制定本规定。

第一条　本规定所称的仲裁裁决执行案件，是指当事人申请人民法院执行仲裁机构依据仲裁法作出的仲裁裁决或者仲裁调解书的案件。

第二条　当事人对仲裁机构作出的仲裁裁决或者仲裁调解书申请执行的，由被执行人住所地或者被执行的财产所在地的中级人民法院管辖。

符合下列条件的，经上级人民法院批准，中级人民法院可以参照民事诉讼法第三十八条的规定指定基层人民法院管辖：

（一）执行标的额符合基层人民法院一审民商事案件级别管辖受理范围；

（二）被执行人住所地或者被执行的财产所在地在被指定的基层人民法院辖区内；

被执行人、案外人对仲裁裁决执行案件申请不予执行的，负责执行的中级人民法院应当另行立案审查处理；执行案件已指定基层人民法院管辖的，应当于收到不予执行申请后三日内移送原执行法院另行立案审查处理。

第三条 仲裁裁决或者仲裁调解书执行内容具有下列情形之一导致无法执行的，人民法院可以裁定驳回执行申请；导致部分无法执行的，可以裁定驳回该部分的执行申请；导致部分无法执行且该部分与其他部分不可分的，可以裁定驳回执行申请。

（一）权利义务主体不明确；

（二）金钱给付具体数额不明确或者计算方法不明确导致无法计算出具体数额；

（三）交付的特定物不明确或者无法确定；

（四）行为履行的标准、对象、范围不明确；

仲裁裁决或者仲裁调解书仅确定继续履行合同，但对继续履行的权利义务，以及履行的方式、期限等具体内容不明确，导致无法执行的，依照前款规定处理。

第四条 对仲裁裁决主文或者仲裁调解书中的文字、计算错误以及仲裁庭已经认定但在裁决主文中遗漏的事项，可以补正或说明的，人民法院应当书面告知仲裁庭补正或说明，或者向仲裁机构调阅仲裁案卷查明。仲裁庭不补正也不说明，且人民法院调阅仲裁案卷后执行内容仍然不明确具体无法执行的，可以裁定驳回执行申请。

第五条 申请执行人对人民法院依照本规定第三条、第四条作出的驳回执行申请裁定不服的，可以自裁定送达之日起十日内向上一级人民法院申请复议。

第六条 仲裁裁决或者仲裁调解书确定交付的特定物确已毁损或者灭失的，依照《最高人民法院关于适用〈中华人民共和国民事诉讼法〉的解释》第四百九十四条的规定处理。

第七条 被执行人申请撤销仲裁裁决并已由人民法院受理的，或者被执行人、案外人对仲裁裁决执行案件提出不予执行申请并提供适当担保的，执行法院应当裁定中止执行。中止执行期间，人民法院应当停止处分性措施，但申请执行人提供充分、有效的担保请求继续执行的除外；执行标的查封、扣押、冻结期限届满前，人民法院可以根据当事人申请或者依职权办理续行查封、扣押、冻结手续。

申请撤销仲裁裁决、不予执行仲裁裁决案件司法审查期间，当事人、案外人申请对已查封、扣押、冻结之外的财产采取保全措施的，负责审查的人民法院参照民事诉讼法第一百条的规定处理。司法审查后仍需继续执行的，保全措施自动转为执行中的查封、扣押、冻结措施；采取保全措施的人民法院与执行法院不一致的，应当将保全手续移送执行法院，保全裁定视为执行法院作出的裁定。

第八条 被执行人向人民法院申请不予执行仲裁裁决的，应当在执行通知书送达之日起十五日内提出书面申请；有民事诉讼法第二百三十七条第二款第四、六项规定情形且执行程序尚未终结的，应当自知道或者应当知道有关事实或案件之日起十五日内提出书面申请。

本条前款规定期限届满前，被执行人已向有管辖权的人民法院申请撤销仲裁裁决且已被受理的，自人民法院驳回撤销仲裁裁决申请的裁判文书生效之日起重新计算期限。

第九条 案外人向人民法院申请不予执行仲裁裁决或者仲裁调解书的，应当提交申请书以及证明其请求成立的证据材料，并符合下列条件：

（一）有证据证明仲裁案件当事人恶意申请仲裁或者虚假仲裁，损害其合法权益；

（二）案外人主张的合法权益所涉及的执行标的尚未执行终结；

（三）自知道或者应当知道人民法院对该标的采取执行措施之日起三十日内提出。

第十条 被执行人申请不予执行仲裁裁决，对同一仲裁裁决的多个不予执行事由应当一并提出。不予执行仲裁裁决申请被裁定驳回后，再次提出申请的，人民法院不予审查，但有新证据证明存在民事诉讼法第二百三十七条第二款第四、六项规定情形的除外。

第十一条 人民法院对不予执行仲裁裁决案件应当组成合议庭围绕被执行人申请的事由、案外人的申请进行审查；对被执行人没有申请的事由不予审查，但仲裁裁决可能违背社会公共利益的除外。

被执行人、案外人对仲裁裁决执行案件申请不予执行的，人民法院应当进行询问；被执行人在询问终结前提出其他不予执行事由的，应当一并审查。人民法院审查时，认为必要的，可以要求仲裁庭作出说明，或者向仲裁机构调阅仲裁案卷。

第十二条 人民法院对不予执行仲裁裁决案件的审查，应当在立案之日起两个月内审查完毕并作出裁定；有特殊情况需要延长的，经本院院长批准，可以延长一个月。

第十三条 下列情形经人民法院审查属实的，应当认定为民事诉讼法第二百三十七条第二款第二项规定的“裁决的事项不属于仲裁协议的范围或者仲裁机构无权仲裁的”情形：

（一）裁决的事项超出仲裁协议约定的范围；

（二）裁决的事项属于依照法律规定或者当事人选择的仲裁规则规定的不可仲裁事项；

（三）裁决内容超出当事人仲裁请求的范围；

（四）作出裁决的仲裁机构非仲裁协议所约定。

第十四条 违反仲裁法规定的仲裁程序、当事人选择的仲裁规则或者当事人对仲裁程序的特别约定，可能影响案件公正裁决，经人民法院审查属实的，应当认定为民事诉讼法第二百三十七条第二款第三项规定的“仲裁庭的组成或者仲裁的程序违反法定程序的”情形。

当事人主张未按照仲裁法或仲裁规则规定的方式送达法律文书导致其未能参与仲裁，或者仲裁员根据仲裁法或仲裁规则的规定应当回避而未回避，可能影响公正裁决，经审查属实的，人民法院应当支持；仲裁庭按照仲裁法或仲裁规则以及当事人约定的方式送达仲裁法律文书，当事人主张不符合民事诉讼法有关送达规定的，人民法院不予支持。

适用的仲裁程序或仲裁规则经特别提示，当事人知道或者应当知道法定仲裁程序或选择的仲裁规则未被遵守，但仍然参加或者继续参加仲裁程序且未提出异议，在仲裁裁决作出之后以违反法定程序为由申请不予执行仲裁裁决的，人民法院不予支持。

第十五条 符合下列条件的，人民法院应当认定为民事诉讼法第二百三十七条第二款第四项规定的“裁决所根据的证据是伪造的”情形：

（一）该证据已被仲裁裁决采信；

（二）该证据属于认定案件基本事实的主要证据；

（三）该证据经查明确属通过捏造、变造、提供虚假证明等非法方式形成或者获取，违反证据的客观性、关联性、合法性要求。

第十六条 符合下列条件的，人民法院应当认定为民事诉讼法第二百三十七条第二款第五项规定的“对方当事人向仲裁机构隐瞒了足以影响公正裁决的证据的”情形：

（一）该证据属于认定案件基本事实的主要证据；

（二）该证据仅为对方当事人掌握，但未向仲裁庭提交；

（三）仲裁过程中知悉存在该证据，且要求对方当事人出示或者请求仲裁庭责令其提交，但对方当事人无正当理由未予出示或者提交。

当事人一方在仲裁过程中隐瞒己方掌握的证据，仲裁裁决作出后以己方所隐瞒的证据足以影响公正裁决为由申请不予执行仲裁裁决的，人民法院不予支持。

第十七条　被执行人申请不予执行仲裁调解书或者根据当事人之间的和解协议、调解协议作出的仲裁裁决，人民法院不予支持，但该仲裁调解书或者仲裁裁决违背社会公共利益的除外。

第十八条　案外人根据本规定第九条申请不予执行仲裁裁决或者仲裁调解书，符合下列条件的，人民法院应当支持：

（一）案外人系权利或者利益的主体；

（二）案外人主张的权利或者利益合法、真实；

（三）仲裁案件当事人之间存在虚构法律关系，捏造案件事实的情形；

（四）仲裁裁决主文或者仲裁调解书处理当事人民事权利义务的结果部分或者全部错误，损害案外人合法权益。

第十九条　被执行人、案外人对仲裁裁决执行案件逾期申请不予执行的，人民法院应当裁定不予受理；已经受理的，应当裁定驳回不予执行申请。

被执行人、案外人对仲裁裁决执行案件申请不予执行，经审查理由成立的，人民法院应当裁定不予执行；理由不成立的，应当裁定驳回不予执行申请。

第二十条　当事人向人民法院申请撤销仲裁裁决被驳回后，又在执行程序中以相同事由提出不予执行申请的，人民法院不予支持；当事人向人民法院申请不予执行被驳回后，又以相同事由申请撤销仲裁裁决的，人民法院不予支持。

在不予执行仲裁裁决案件审查期间，当事人向有管辖权的人民法院提出撤销仲裁裁决申请并被受理的，人民法院应当裁定中止对不予执行申请的审查；仲裁裁决被撤销或者决定重新仲裁的，人民法院应当裁定终结执行，并终结对不予执行申请的审查；撤销仲裁裁决申请被驳回或者申请执行人撤回撤销仲裁裁决申请的，人民法院应当恢复对不予执行申请的审查；被执行人撤回撤销仲裁裁决申请的，人民法院应当裁定终结对不予执行申请的审查，但案外人申请不予执行仲裁裁决的除外。

第二十一条 人民法院裁定驳回撤销仲裁裁决申请或者驳回不予执行仲裁裁决、仲裁调解书申请的，执行法院应当恢复执行。

人民法院裁定撤销仲裁裁决或者基于被执行人申请裁定不予执行仲裁裁决，原被执行人申请执行回转或者解除强制执行措施的，人民法院应当支持。原申请执行人对已履行或者被人民法院强制执行的款物申请保全的，人民法院应当依法准许；原申请执行人在人民法院采取保全措施之日起三十日内，未根据双方达成的书面仲裁协议重新申请仲裁或者向人民法院起诉的，人民法院应当裁定解除保全。

人民法院基于案外人申请裁定不予执行仲裁裁决或者仲裁调解书，案外人申请执行回转或者解除强制执行措施的，人民法院应当支持。

第二十二条 人民法院裁定不予执行仲裁裁决、驳回或者不予受理不予执行仲裁裁决申请后，当事人对该裁定提出执行异议或者申请复议的，人民法院不予受理。

人民法院裁定不予执行仲裁裁决的，当事人可以根据双方达成的书面仲裁协议重新申请仲裁，也可以向人民法院起诉。

人民法院基于案外人申请裁定不予执行仲裁裁决或者仲裁调解书，当事人不服的，可以自裁定送达之日起十日内向上一级人民法院申请复议；人民法院裁定驳回或者不予受理案外人提出的不予执行仲裁裁决、仲裁调解书申请，案外人不服的，可以自裁定送达之日起十日内向上一级人民法院申请复议。

第二十三条 本规定第八条、第九条关于对仲裁裁决执行案件申请不予执行的期限自本规定施行之日起重新计算。

第二十四条 本规定自 2018 年 3 月 1 日起施行，最高人民法院以前发布的司法解释与本规定不一致的，以本规定为准。

本规定施行前已经执行终结的执行案件，不适用本规定；本规定施行后尚未执行终结的执行案件，适用本规定。

最高人民法院执行局局长孟祥对执行和解、执行担保、仲裁裁决三个司法解释有关情况的通报

自2016年提出“用两到三年时间基本解决执行难问题”以来，最高人民法院不断加强顶层设计，大力推动执行规范化建设，特别是完善执行规范体系建设，在填补规则空白、规范执行权运行等方面做出不懈努力。在院党组和周强院长的支持下，最高人民法院在过去两年时间里，陆续出台了近20部重要的执行司法解释和规范性文件。

今天发布的《关于执行和解若干问题的规定》（以下简称《执行和解规定》）、《关于执行担保若干问题的规定》（以下简称《执行担保规定》）和《关于人民法院办理仲裁裁决执行案件若干问题的规定》（以下简称《仲裁裁决执行规定》）是最高人民法院执行规范化建设中又一成果。这三个司法解释作为执行规范体系的重要组成部分，将于2018年3月1日开始施行。现将有关情况通报如下：

一、《执行和解规定》的有关情况

执行和解是民事诉讼法确立的一项重要制度，它既有利于在一定程度上缓解“执行难”，又是意思自治原则在民事执行阶段的体现，在强制执行工作中一直发挥着重要作用。但由于此前法律、司法解释有关执行和解的规定仅有寥寥几条，导致不少问题缺乏明确的依据和指引，实践做法不一，理论争议较大。为充分发挥执行和解的制度效用，公正处理执行和解纠纷，提高司法公信力，最高人民法院在总结执行实践经验的基础上，出台了这部司法解释。

《执行和解规定》共20个条文，重点解决以下五方面问题：

（一）明确区分执行和解与执行外和解

根据民事诉讼法第230条第1款，当事人自行达成和解协议，执行员将协议内容记入笔录，由双方签名或盖章的，成立执行和解。但法律、司法解释对于当事人私下达成的和解协议是否构成执行和解、产生何种法律效果没有明确规定，导致这一问题在司法实践中存在较大分歧，不同案件的认定结果可能截然相反。为统一司法尺度，《执行和解规定》明确了执行和解与执行外和解的区分标准，并分别规定了不同的法律效果。

具体而言，执行和解与执行外和解的区别在于，当事人是否有使和解协议直接对执行程序产生影响的意图。换言之，即便是当事人私下达成的和解协议，只要共同向人民法院提交或者一方提交另一方认可，就构成执行和解，人民法院可以据此中止执行。反之，如果双方没有将私下达成的和解协议提交给人民法院的意思，那么和解协议仅产生实体法效果，被执行人依据该协议要求中止执行的，需要另行提起执行异议。

（二）明确不得依据和解协议出具以物抵债裁定

司法实践中，对于能否依据执行和解协议出具以物抵债裁定，不同法院做法存在差别，有的不予出具裁定，有的不仅出裁定，还协助当事人办理过户手续。为统一法律适用，在充分调研、多方征求意见的基础上，《执行和解规定》最终明确人民法院不得依据和解协议作出以物抵债裁定。

这样规定的主要理由是：一方面，执行和解协议本身并不具有强制执行力，如果允许人民法院依据和解协议出具以物抵债裁定，无异于强制执行和解协议；另一方面，以物抵债裁定可以直接导致物权变动，很容易损害被执行人的其他债权人的合法权益，实践中此类纠纷已经屡见不鲜，司法解释应当积极予以回应。

（三）明确申请执行人可以就执行和解协议提起诉讼

根据民事诉讼法第230条第2款，达成和解协议后，被执行人不履行义务的，申请执行人可以要求恢复执行。但对申请执行人能否起诉被执行人，要求其履行执行和解协议约定的义务，法律规定并不明确。

从结果看，“债务人不履行执行和解协议，债权人只能申请恢复执行”的做法实际上否定了当事人之间的合意，缺乏对债权人和债务人预期利益的保护。尤其当执行和解协议对债权人更有利时，被执行人可以通过不履行执行和解协议获益，也与诚实信用原则相悖。为此，《执行和解规定》明确赋予了申请执行人选择权，即在被执行人不履行执行和解协议时，申请执行人既可以申请恢复执行，也可以就履行执行和解协议提起诉讼。

（四）明确恢复执行的条件

根据民事诉讼法第230条第2款，申请执行人受欺诈、胁迫与被执行人达成执行和解协议，或者当事人不履行和解协议的，人民法院可以依申请执行人的申请恢复执行。但对于申请执行人能否随时反悔、“不履行”的具体内涵、“受欺诈和胁迫”由谁认定等问题，不同法院把握的标准并不一致。为澄清实践中的误解，《执行和解规定》明确了恢复执行的条件。

首先，契约严守和诚实信用原则应当适用于双方当事人，任何一方都不应无故违反和解协议，如果被执行人正在依照和解协议的约定履行义务，或者执行和解协议约定的履行期限尚未届至、履行条件尚未成就，申请执行人就不能要求恢复执行。

其次，如果债务人已经履行完毕和解协议确定的义务，即便存在迟延履行或者瑕疵履行的情况，申请执行人也不能要求恢复执行。迟延履行或瑕疵履行给申请执行人造成损害的，申请执行人可以另行提起诉讼，主张赔偿损失。

最后，出于审执分离的考虑，当事人、利害关系人主张和解无效或可撤销的，应当通过诉讼程序认定，再向法院申请恢复执行。

（五）明确执行和解协议中担保条款的效力

为担保被执行人履行执行和解协议约定的义务，申请执行人常常会要求被执行人提供担保。此类担保条款是否构成民事诉讼法第231条的执行担保，执行法院能否依据该条款直接执行担保财产或者保证人，实践中争议很大。

为解决该问题，《执行和解规定》特别规定了执行和解协议中担保条款的效力，即如果担保人向人民法院承诺被执行人不履行和解协议时自愿接受强制执行，恢复执行原生效法律文书后，人民法院可以依申请执行人的申请及担保条款的约定，直接执行担保财产或保证人的财产，不需要申请执行人另行提起诉讼。当然，如果申请执行人选择就履行和解协议提起诉讼，担保条款依然有效，申请执行人可以在诉讼中主张担保人承担责任。

二、《执行担保规定》的有关情况

执行担保是民事诉讼法第231条规定的一项重要制度。执行担保一方面增加了债权人权利实现的可能性，另一方面通过适当延缓债务履行的期限，帮助债务人整顿生产经营，筹措资金，提高偿债能力，对保护债务人的合法权益，稳定经济发展有着积极意义。但是，因法律、司法解释的相关规定比较粗疏，导致司法实务中对执行担保的适用范围、成立条件、法律效力等问题缺乏统一认识，各地法院实际做法存在较大差异。为统一法律适用，充分发挥执行担保的制度优势，进一步规范人民法院办理涉执行担保案件，最高人民法院在充分调研，反复征求意见的基础上，出台了《执行担保规定》。

该规定共16个条文，重点对以下四方面内容予以明确规范：

（一）明确执行担保的担保事项

根据民事诉讼法第231条，在执行中，被执行人向人民法院提供担保，并经申请执行人同意的，人民法院可以决定暂缓执行及暂缓执行的期限。但该条并未明确，担保的事项到底是什么。司法实践中，不少执行实务工作者对担保事项的理解较为宽松，即只要涉及执行程序的担保，例如为解除保全措施提供的担保、第三人撤销之诉中第三人为中止执行提供的担保，都属于执行担保。经研究，我们认为，上述担保虽然都和执行程序有关，但与民事诉讼法第二百三十一条的规定尚有区别，在概念上不宜混淆。

一方面，上述规定中提供担保的主体各不相同，担保事项也差异较大，很难涵盖在同一制度之下。另一方面，执行担保的法律效果是不经诉讼程序，直接要求相应主体承担责任，这种对当事人程序保障的限制，应当有法律的明确规定。为澄清上述误解，《执行担保规定》将执行担保明确限定在民事诉讼法第二百三十一条，即为被执行人履行生效法律文书确定义务提供的担保。

（二）明确执行担保的实现方式

根据民事诉讼法第231条，被执行人于暂缓执行期限届满前仍不履行的，人民法院有权执行被执行人的担保财产或者担保人的财产。但由于其对执行担保具体实现方式的规定较为笼统，导致司法实践中，人民法院的做法不一。有的不出裁定直接执行，有的裁定追加担保人为被执行人，有的裁定直接执行担保财产。处理方式的不统一，既有损司法权威，又增加了纠纷产生的可能性，司法解释对此应当予以回应。

经反复讨论，考虑到执行担保与变更、追加执行当事人在民事诉讼法上属于不同的法律制度，《执行担保规定》明确规定，人民法院可以根据申请执行人的申请，直接裁定执行担保财产或者保证人的财产，不得将担保人变更、追加为被执行人。

（三）确立执行担保的担保期间

《执行担保规定》第十二条、第十三条确立了执行担保期间这一全新的制度。这主要是出于以下考虑：

一方面，民事诉讼法解释第四百六十九条曾经规定过担保期限，但因其内涵与担保法的保证期间明显不同，实践中常常引发误解；

另一方面，任何权利的行使都不能没有约束，如果申请执行人长期不主张权利，既会对担保人的生产、生活产生不利影响，还存在利用执行担保使担保人财产被长期查封，进而规避担保人的债权人求偿的可能。最终，本司法解释规定，申请执行人应当在担保期间内对担保人主张权利，否则担保人的担保责任将得以免除。

（四）明确执行担保的追偿权

由于法律、司法解释缺乏明确规定，司法实践中，对于执行担保中担保人是否享有追偿权，以及如何行使观点不一。有的法院基于法律、司法解释对此没有明确规定，且执行担保不能适用民事担保规则，不允许担保人进行追偿；有的允许担保人在承担担保责任后，向人民法院起诉被执行人；还有的则从鼓励、保护担保人的积极性和权益出发，在裁定执行担保人财产时同时明确担保人向被担保人的追偿权和申请执行权，允许担保人直接申请执行被执行人。

经反复讨论，考虑到担保人是否对被执行人享有追偿权往往取决于担保人与被执行人之间的约定，不能一概而论，对此法律关系执行机构不宜介入。最终，《执行担保规定》明确担保人可以通过诉讼进行追偿。

三、《仲裁裁决执行规定》的有关情况

党的十八届四中全会决定中明确指出，要健全和完善多元化纠纷解决机制，完善仲裁制度，提高仲裁公信力。在社会经济交往过程中，仲裁因自身所具有的充分体现当事人的意思自治、灵活便捷、一裁终局等诸多特性，成为兼具契约性、自治性、民间性和准司法性的一种重要的纠纷化解方式，愈来愈多的当事人选择将争议提交仲裁解决。而仲裁的自身特点决定了其健康发展必须依赖于司法的监督与支持。

目前，由于法律及司法解释对人民法院办理仲裁裁决执行案件的规定较少，该类案件在实践操作中仍存在一些规则空白。为切实保护当事人、案外人的合法权益，提高仲裁公信力和执行力，促进仲裁事业的健康有序发展，最高

人民法院经过充分调研，数易其稿，最终形成《仲裁裁决执行规定》。

该规定共24个条文，主要涉及以下五个方面的内容：

（一）适当调整仲裁裁决执行案件的管辖

根据《最高人民法院关于适用〈中华人民共和国仲裁法〉若干问题的解释》第29条，当事人申请执行仲裁裁决案件的，由被执行人住所地或者被执行的财产所在地的中级人民法院管辖。考虑到司法实践中，多数仲裁裁决执行案件的申请执行标的较小，且就执行实施程序而言，对仲裁裁决与民商事判决规定不同的级别管辖意义不大，本解释对仲裁裁决执行案件管辖进行了适当调整：

一方面，坚持以中级法院管辖为原则；另一方面，当执行案件符合基层法院一审民商事案件级别管辖受理范围，并经上级人民法院批准后，可以由被执行人住所地或者被执行财产所在地的基层法院管辖。

需要注意的是，对不予执行仲裁裁决申请的审查属于对仲裁裁决的司法监督范畴，为统一对仲裁裁决司法监督的审查尺度，《仲裁裁决执行规定》明确规定，对不予执行申请的审查仍由中级人民法院负责，即使案件已指定基层法院管辖的，也应移送原执行法院另行立案审查处理。这充分体现了人民法院对仲裁裁决不予执行的审慎态度。

（二）明确裁决执行内容不明确具体的认定标准及处理方法

根据民事诉讼法解释第463条，当事人申请人民法院执行的生效法律文书应当给付内容明确。但对于“明确”的标准，对不明确的案件应当如何处理，目前的法律、司法解释尚缺乏指引。为解决实践争议，《仲裁裁决执行规定》主要从以下五个方面入手：一是列举了实践中常见的仲裁裁决“不明确具体”的情形；

二是为减轻当事人讼累，规定执行内容不明确具体的应首先通过补正等方式解决；

三是经补正等方式仍无法明确执行内容的，人民法院可以裁定驳回执行申请；

四是明确当事人对驳回执行申请不服的，可以直接向上一级法院申请复议；

五是对于仲裁裁决确定交付的特定物确已毁损或灭失的，人民法院可以通过终结执行等方式处理。

（三）适当拓展申请不予执行的主体范围

实践中，个别当事人恶意仲裁、虚假仲裁，不仅损害了案外人的合法权益，更损害了仲裁与司法的社会公信力。但法律、司法解释对于案外人能否申请不予执行仲裁裁决缺乏规定。此次《仲裁裁决执行规定》对申请不予执行的主体范围予以适当拓展，明确赋予了案外人申请不予执行的权利，并分别在第九条和第十八条明确了不予执行仲裁裁决的程序条件和实质审查标准。

简言之，案外人有证据证明仲裁案件当事人恶意仲裁或者虚假仲裁损害其合法权益的，可以向人民法院申请不予执行仲裁裁决或者仲裁调解书，人民法院将严格审查，确认其主张是否成立。而对于案外人申请不予执行的审查结果，同时赋予当事人、案外人进一步救济的权利，以充分保障其权益。

（四）统一不予执行仲裁裁决案件的审查标准

目前，民事诉讼法对于不予执行仲裁裁决的事由虽有规定，但相比丰富的司法实践，仍显得过于原则和笼统，实践中容易出现审查尺度不统一的问题。为此，《仲裁裁决执行规定》对不予执行仲裁裁决的事由进一步予以解释，明确了无权仲裁、违反法定程序、伪造证据及隐瞒证据的认定标准，使法律适用更统一、更具操作性。

此外，为防止被执行人滥用程序权利阻碍仲裁裁决案件执行，《仲裁裁决执行规定》还列举了若干明显违背诚实信用原则申请不予执行的情形，明确规定人民法院对此类申请不予支持。

（五）明确撤销仲裁裁决与不予执行仲裁裁决司法审查的程序衔接

根据仲裁法的规定，申请撤销仲裁裁决与不予执行仲裁裁决两救济程序双轨并行；且提出申请的法定事由基本相同，为了进一步提高人民法院对仲裁裁决司法审查的效率，贯彻尊重仲裁、保障仲裁执行的司法原则，《仲裁裁决执行规定》对两程序的衔接进一步予以明确、简化。

详言之，不予执行审查期间，当事人撤销仲裁裁决申请被受理的，法院应当裁定中止不予执行申请的审查；被执行人同时申请撤销仲裁裁决和不予执行仲裁裁决时，其撤回撤裁申请的，应视为一并撤回不予执行申请。如此制度设计，可以有效避免被执行人滥用司法程序阻碍执行，也有利于减少重复审查造成的司法资源浪费。

最高人民法院

关于审理涉及夫妻债务纠纷案件适用法律有关问题的解释

法释〔2018〕2号

（2018年1月8日最高人民法院审判委员会第1731次会议通过　自2018年1月18日起施行）

为正确审理涉及夫妻债务纠纷案件，平等保护各方当事人合法权益，根据《中华人民共和国民法总则》《中华人民共和国婚姻法》《中华人民共和国合同法》《中华人民共和国民事诉讼法》等法律规定，制定本解释。

第一条　夫妻双方共同签字或者夫妻一方事后追认等共同意思表示所负的债务，应当认定为夫妻共同债务。

第二条　夫妻一方在婚姻关系存续期间以个人名义为家庭日常生活需要所负的债务，债权人以属于夫妻共同债务为由主张权利的，人民法院应予支持。

第三条　夫妻一方在婚姻关系存续期间以个人名义超出家庭日常生活需要所负的债务，债权人以属于夫妻共同债务为由主张权利的，人民法院不予支持，但债权人能够证明该债务用于夫妻共同生活、共同生产经营或者基于夫妻双方共同意思表示的除外。

第四条　本解释自2018年1月18日起施行。

本解释施行后，最高人民法院此前作出的相关司法解释与本解释相抵触的，以本解释为准。

最高人民法院民一庭负责人介绍《解释》的相关内容和情况并回答记者提问

一、《解释》出台的背景

夫妻共同债务的认定，不仅与夫妻双方的财产权利息息相关，也影响债权人利益和交易安全，因此历来受到最高人民法院的高度重视。多年来，最高人民法院通过制定司法解释、司法政策和发布指导案例等多种形式，逐步构建起了认定夫妻共同债务的裁判规则。2003 年，最高人民法院起草制定婚姻法司法解释（二）时，实践中反映较多的是一些夫妻“假离婚、真逃债”的问题。最高人民法院在对债权人利益和夫妻另一方利益衡量后，结合当时的经济社会生活和审判实践情况，根据婚姻法规定的原则和精神，通过该解释第二十四条，确定了夫妻共同债务认定的裁量标准。随后的司法实践表明，这条规定有效遏制了当时存在的一些夫妻恶意逃债损害债权人利益的现象，较好地维护了市场交易安全。

十多年来特别是近年来，随着经济社会的发展，我国城乡居民家庭财产结构、类型、数量、形态以及理财模式等发生了巨大变化，社会公众的婚姻家庭观念和家庭投资渠道也日趋多元化。许多家庭的财富因此快速增长，同时因投资而产生债务的风险也在不断放大。各级人民法院以及妇联等组织经常接到反映或者投诉，出现夫妻一方与债权人恶意串通损害夫妻另一方权益，适用婚姻法司法解释（二）第二十四条判令未举债一方配偶共同承担虚假债务、非法债务等极端案例。这些发展变化使人民法院审理涉及夫妻共同债务案件难度也随之加大，如何正确认定和处理夫妻共同债务，日益成为社会广泛关注和争议较大的问题之一。为及时有效解决这一问题，最高人民法院在2017年2月28日出台了婚姻法司法解释（二）的补充规定（以下简称补充规定）和关于依法妥善审理涉及夫妻债务案件有关问题的通知（以下简称通知），进一步表明了人民法院对虚假债务、非法债务否定性评价的鲜明立场。根据各级妇联等相关组织和各级人民法院的反馈，补充规定和通知出台后，在司法实践中起到了积极作用。

与此同时，最高人民法院注意到，有关夫妻共同债务认定标准、举证证明责任等方面的问题仍然没有得到全面解决。特别是近年来因民间借贷案件高发，有关夫妻债务的认定也出现了一系列新情况新问题。因配偶一方超出家庭日常生活需要大额举债，“被负债一方”在毫不知情的情况下背上沉重债务的问题日益凸显，人民群众强烈呼吁进一步规范和明确夫妻共同债务认定标准。最高人民法院着力在解决人民群众最不满意的问题上下功夫，着力在解决司法实践中的突出问题上下功夫，积极回应人民群众和社会关切，经认真总结审判实践经验，反复调研论证和广泛征求意见，制定出台了本《解释》。《解释》旨在进一步细化和完善夫妻共同债务认定标准，合理分配举证证明责任，引导民事商事主体规范交易行为，加强事前风险防范，指导各级人民法院准确认定夫妻共同债务，平衡保护各方当事人的合法权益。

二、起草《解释》的基本思路

《解释》的起草，坚持贯彻落实党的十九大精神，以习近平新时代中国特色社会主义思想为指导，突出规则意识、责任意识，倡导诚实信用，体现公平正义。以人民法院审判权的依法有效行使，贯彻落实《中共中央、国务院关于完善产权保护制度依法保护产权的意见》，强调对包括物权、债权、股权、知识产权等各种财产权的全面、平等保护。坚持以人民为中心，践行社会主义核心价值观，保护妇女儿童合法权益，维护家庭和谐稳定，规范形成良好的交易秩序和社会秩序，不断增强和保障人民的获得感、幸福感、安全感，满足人民日益增长的美好生活的需要。

夫妻共同债务认定是一个异常复杂的法律问题。经过多年的积累、检验和不断完善，从法律和司法解释层面上已经形成了一套较为完整的体系。目前，民法典分则正在加紧制定过程中，包括夫妻债务在内的夫妻财产制问题作为婚姻家庭编中的重要内容，必然也是立法高度关注和着力解决的问题。《解释》

没有就夫妻共同债务作出新的全面系统规定，而是根据现行法律规定和原则精神，在既有法律框架内和现行司法解释基础上，聚焦人民群众反映强烈的问题，本着密织法网、查缺堵漏的原则，对夫妻共同债务的推定、排除以及举证证明责任分配等问题进行细化和完善，最大限度地防止极端案例的发生。

对法律已经明确规定的有关夫妻债务问题，比如婚姻法第十九条第三款规定的，第三人知道实行分别财产制的夫或妻一方对外所负债务，以夫或妻一方所有的财产清偿问题，婚姻法司法解释（二）第二十四条第一款第二句将此作为认定夫妻共同债务的除外情形，司法实践中没有发现理解适用不当的问题，故《解释》对此没有涉及。《解释》施行后，诸如上述《解释》未涉及的夫妻债务认定、防范夫妻双方恶意串通逃债损害债权人利益等问题，应当按照法律和其他司法解释的规定处理。

三、《解释》坚持的基本原则

在《解释》的起草过程中，主要坚持了以下基本原则：

一是依法解释原则。根据立法法第一百零四条和最高人民法院关于制定司法解释的有关规定，严格按照民法总则、婚姻法、合同法、民事诉讼法等法律规定，坚持在法律赋予的司法解释权限范围内，对人民法院审理涉及夫妻债务纠纷案件适用法律有关问题作出解释。

二是问题导向原则。适应新形势、面对新情况、解决新问题。注重司法解释的实效性，聚焦社会关切，集中就司法实践中迫切需要解决的突出问题，从司法裁判权行使的角度，对有关法律规定的理解适用进行细化完善，进一步合理分配举证证明责任，明确夫妻共同债务的司法认定标准。

三是平等保护原则。债权人的债权和夫妻一方的财产所有权，均属于法律保护的范畴。人民法院审理涉及夫妻债务纠纷案件，既要依法保护善意债权人的合法权益，又要依法保护夫妻特别是未具名举债一方的合法权益，防范夫妻双方串通损害债权人利益和夫妻一方与债权人串通损害夫妻另一方利益这两个风险朝极端化发展。易言之，就是既不能让夫妻一方承担不应该承担的债务，也不能让本该承担债务的夫妻一方逃避责任。通过举证证明责任的合理分配等方式，取得二者之间的“最大公约数”，平衡保护各方当事人利益。

四是广泛听取意见原则。为更好地起草《解释》，近年来最高人民法院结合办理全国人大代表建议和全国政协委员提案答复工作，开展了大量前期调查研究。2017 年 3 月至 7 月，最高人民法院与全国妇联联合邀请婚姻法专家学者、全国人大代表、全国政协委员等组成联合调研组，分赴北京、山东、江苏、浙江、福建、安徽、广东、湖南等 8 省市进行专题调研，认真听取部分全国人大代表、全国政协委员、专家学者、妇联组织、民政部门、各级法院法官、律师以及案件当事人意见，与立法机关、检察机关多次沟通，征求中国婚姻法学研究会意见，确保《解释》兼收并蓄、切实稳妥。

四、《解释》的主要内容

《解释》共 4 个条文，主要包括以下三方面内容：

（一）共同意思表示所负的夫妻共同债务

《解释》第一条规定："夫妻双方共同签字或者夫妻一方事后追认等共同意思表示所负的债务，应当认定为夫妻共同债务。"这是根据民法总则、婚姻法和合同法的相关规定，按照合同相对性原则和订立合同的基本要求制定的。从夫妻共同债务的形成角度，明确和强调了夫妻双方共同签字或者夫妻一方事后追认以及其他共同意思表示形式（如电话、短信、微信、邮件等）所负的债务，应认定为夫妻共同债务的基本原则。这条规定既充分尊重了民事商事法律确定的一般交易规则，又对夫妻之间特殊的身份关系给予了充分关注。夫妻虽然存在紧密的身份联系，以及由于共同生活而在法律规定的家庭日常生活范围内享有互相代理的权限，但双方作为独立的民事主体地位，并不因婚姻的缔结而丧失。《解释》第一条规定，进一步完善了婚姻法司法解释（二）第二十四条规定的夫妻共同债务认定标准。作为《解释》的开篇规定，强调夫妻共同债务形成时的"共债共签"原则，具有引导民事商事主体主动规范交易行为，加强风险防范的深刻用意。这种制度安排，一方面，可以从债务形成源头上尽可能杜绝夫妻一方"被负债"现象发生，另一方面，也可以有效避免债权人因事后无法举证证明债务属于夫妻共同债务而遭受不必要的损失，对于保障交易安全和夫妻一方合法权益，都具有积极意义。

（二）家庭日常生活所负的夫妻共同债务

《解释》第二条规定："夫妻一方在婚姻关系存续期间以个人名义为家庭日常生活需要所负的债务，债权人以属于夫妻共同债务为由主张权利的，人民法院应予支持。"也就是说，在夫妻双方对婚姻关系存续期间所得财产未约定归各自所有，或者虽有约定但债权人不知道该约定的情况下，夫妻一方以个人名义为家庭日常生活需要所负的债务，都应认定为夫妻共同债务。如果未具名举债的夫妻另一方认为该债务不属于夫妻共同债务，应当承担相应的举证证明责任。婚姻法虽然没有明确规定“家庭日常生活”，即日常家事这一概念，但根据婚姻法第十七条第二款的规定，“夫妻对共同所有的财产，有平等的处理权。”“平等的处理权”既应包括对积极财产的处理，也应包括对消极财产即债务的处理。婚姻法司法解释（一）第十七条根据婚姻法的这一规定，明确了夫妻之间的日常家事代理权，即“夫或妻在处理夫妻共同财产上的权利是平等的。因日常生活需要而处理夫妻共同财产的，任何一方均有权决定。”日常家事代理制度也得到了民法学界、婚姻法学界的普遍支持和认可。婚姻作为夫妻生活的共同体，在处理日常家庭事务的范围内，夫、妻互为对方代理人，享有家事代理权。夫妻因配偶身份关系的确立依法享有家事代理权，是婚姻的当然效力。根据上述法律、司法解释规定，参考学理通说，《解释》作出了上述规定。

（三）债权人能够证明的夫妻共同债务

相对于家庭日常生活需要所负的债务，实践中还存在大量夫妻一方以个人名义超出家庭日常生活需要所负的债务。这类债务是否属于夫妻共同债务，司法实践中的争议和认定难度都比较大。《解释》第三条规定：“夫妻一方在婚姻关系存续期间以个人名义超出家庭日常生活需要所负的债务，债权人以属于夫妻共同债务为由主张权利的，人民法院不予支持，但债权人能够证明该债务用于夫妻共同生活、共同生产经营或者基于夫妻双方共同意思表示的除外。”也就是说，当夫妻一方以个人名义对外所负的债务，尤其是数额较大的债务，超出了家庭日常生活所需的范畴时，认定该债务是否属于夫妻共同债务的标准，是债权人能否证明债务用于夫妻共同生活或者共同生产经营，或者债务的负担系基于夫妻双方共同的意思表示，如果债权人不能证明的，则不能认定为夫妻共同债务。这一举证证明责任的分配，符合民事诉讼法第六十四条第一款“当事人对自己提出的主张，有责任提供证据”的规定，也与民事诉讼法司法解释第九十条“当事人对自己提出的诉讼请求所依据的事实或者反驳对方诉讼请求所依据的事实，应当提供证据加以证明”的规定相一致。通过合理分配举证证明责任，可以有效平衡债权人和债务人配偶一方的利益保护。这条规定与《解释》第一条相呼应，从合同相对性原则出发，强调在夫妻一方具名举债的情况下，当债务超出家庭日常生活需要范围时，尤其是大额债务，债权人主张该债务属于夫妻共同债务的，应当承担举证证明责任，以此引导债权人在债务形成时尽到充分的谨慎注意义务。

妥善审理涉及夫妻债务纠纷案件 依法平等保护各方当事人合法权益

——最高人民法院民一庭负责人就《最高人民法院关于审理涉及夫妻债务纠纷案件适用法律有关问题的解释》答记者问

今日，最高人民法院发布了《关于审理涉及夫妻债务纠纷案件适用法律有关问题的解释》（以下简称《解释》）。就《解释》发布的背景和主要内容，记者采访了最高人民法院民一庭负责人。

问：自2001年以来，最高人民法院就适用婚姻法相继出台了三部司法解释，为什么还要制定本《解释》？

答：2001年修订的婚姻法施行后，最高人民法院分别于2001年、2003年、2011年制定了三部婚姻法司法解释，总共82个条文，2017年2月针对婚姻法司法解释（二）第二十四条出台了补充规定。这些司法解释对涉及夫妻身份关系、财产关系适用法律若干问题作了规定。近年来，随着我国经济社会的快速发展，城乡居民家庭财产结构发生了很大变化，社会公众的婚姻家庭观念和家庭投资渠道也日趋多元，许多家庭的财富因此快速增长，因投资而产生债务的风险也在不断放大。现实生活中，夫妻双方串通"坑"债权人，或者夫妻一方与债权人串通"坑"另一方等典型案例时有发生。这些因素叠加投射到家庭生活中，使夫妻债务的认定成为非常复杂的问题，人民法院审理涉及夫妻债务案件难度随之加大。原有法律、司法解释虽然已经形成一套较为完整的体系，防范了夫妻双方串通损害债权人利益和夫妻一方与第三人串通损害另一方利益的风险，但有关夫妻共同债务认定标准、举证证明责任等方面的问题仍然没有得到根本解决，成为社会广泛关注的问题。

为着力解决司法实践中的突出问题，积极回应社会关切，满足广大人民群众的司法需求，最高人民法院认真总结审判实践经验，反复调研论证和广泛征求意见，制定出台了本《解释》。《解释》进一步细化和完善了夫妻共同债务认定标准，合理分配举证证明责任，引导民事商事主体规范交易行为，加强事前风险防范，平衡保护各方当事人的合法权益。

问：《解释》开宗明义强调夫妻共同债务形成时“共债共签”原则，目的和意义是什么？

答：根据民法总则、合同法规定的意思自治原则以及婚姻法规定的夫妻地位平等原则，男女结婚后不能否定夫妻双方的独立人格和独立民事主体地位，即使婚后夫妻财产共有，一方所负债务特别是超出了家庭日常生活需要所负的大额债务，也应当与另一方取得一致意见，或者用于夫妻共同生活，否则不能认定为夫妻共同债务。

《解释》第一条开宗明义强调夫妻共同债务形成时的“共债共签”原则，明确和强调了夫妻双方共同签字或者夫妻一方事后追认以及以其他共同意思表示形式所负的债务，属于夫妻共同债务。这一规定意在引导债权人在形成债务尤其是大额债务时，为避免事后引发不必要的纷争，加强事前风险防范，尽可能要求夫妻共同签字。这种制度安排，一方面，有利于保障夫妻另一方的知情权和同意权，可以从债务形成源头上尽可能杜绝夫妻一方“被负债”现象发生；另一方面，也可以有效避免债权人因事后无法举证证明债务属于夫妻共同债务而遭受不必要的损失，对于保障交易安全和夫妻一方合法权益，具有积极意义。实践中，很多商业银行在办理贷款业务时，对已婚者一般都要求夫妻双方共同到场签字。一方确有特殊原因无法亲自到场，也必须提交经过公证的授权委托书，否则不予贷款，这种操作方式最大限度地降低了债务不能清偿的风险，保障了债权人的合法权益，也不会造成对夫妻一方权益的损害。“共债共签”原则实现了婚姻法夫妻财产共有制和合同法合同相对性原则的有机衔接。

虽然要求夫妻“共债共签”可能会使交易效率受到一定影响，但在债权债务关系形成时增加一定交易成本和夫妻一方的知情权同意权产生冲突时，因夫妻一方的知情权同意权，关系到地位平等、意思自治等基本法律原则和公民基本财产权利人格权利，故应优先考虑。事实上，适当增加交易成本不仅有利于保障交易安全，还可以减少事后纷争，从根本上提高交易效率。《解释》第一条规定在现行婚姻法规定范围内，实现了债权人合法权益保护和夫妻一方合法权益保护的双赢，体现了二者权利保护的“最大公约数”。

问：如何理解家庭日常生活需要所负债务?

答：通常所说的“家庭日常生活”，学理上称之为日常家事。我国民法学界、婚姻法学界通说认为，婚姻是夫妻生活的共同体，在处理家庭日常事务的范围内，夫妻互为代理人，这是婚姻的当然效力，属于法定代理。婚姻法虽然没有明确规定日常家事代理制度，但从相关条文中可以得出家庭日常生活范围内夫妻互为代理人的结论。婚姻法第十七条第二款规定：“夫妻对共同所有的财产，有平等的处理权”。这里所指的平等处理权既包括对积极财产的处理，也包括对消极财产即债务的处理。婚姻法司法解释（一）第十七条规定：“夫或妻在处理夫妻共同财产上的权利是平等的。因日常生活需要而处理夫妻共同财产的，任何一方均有权决定。”该规定涵盖了夫妻日常家事代理权的实质内容。因此，在夫妻未约定分别财产制或者虽约定但债权人不知道的情况下，夫妻一方以个人名义为家庭日常生活需要所负的债务，应当认定为夫妻共同债务。

国家统计局有关统计资料显示，我国城镇居民家庭消费种类主要分为八大类，分别是食品、衣着、家庭设备用品及维修服务、医疗保健、交通通信、文娱教育及服务、居住、其他商品和服务。家庭日常生活的范围，可以参考上述八大类家庭消费，根据夫妻共同生活的状态（如双方的职业、身份、资产、收入、兴趣、家庭人数等）和当地一般社会生活习惯予以认定。但农村承包经营户有其特殊性，农村承包经营户一般以家庭为单位，家庭日常生活与承包经营行为经常交织在一起，二者难以严格区分，故为了正常的承包经营所负债务，可以认定为家庭日常生活需要所负债务。需要强调的是，家庭日常生活需要的支出是指通常情况下必要的家庭日常消费，主要包括正常的衣食消费、日用品购买、子女抚养教育、老人赡养等各项费用，是维系一个家庭正常生活所必须的开支。当然，随着我国经济社会和人们家庭观念、家庭生活方式的不断发展变化，在认定是否属于家庭日常生活需要支出时，也要随着社会的变化而变化。

问：如何理解家庭日常生活需要之外的夫妻共同债务?

答：随着我国经济社会的发展，城乡居民家庭财产结构、类型、数量、形态以及理财模式等发生了很大变化，人们的生活水平不断提高，生活消费日趋多元，很多夫妻的共同生活支出不再局限于以前传统的家庭日常生活消费开支，还包括大量超出家庭日常生活范围的支出，这些支出系夫妻双方共同消费支配，或者用于形成夫妻共同财产，或者基于夫妻共同利益管理共同财产产生的支出，性质上属于夫妻共同生活的范围。《解释》第三条中所称债权人需要举证证明“用于夫妻共同生活”的债务，就是指上述超出家庭日常生活范围的夫妻共同生活所负债务。

夫妻共同生产经营的情形更为复杂，主要是指由夫妻双方共同决定生产经营事项，或者虽由一方决定但另一方进行了授权的情形。判断生产经营活动是否属于夫妻共同生产经营，要根据经营活动的性质以及夫妻双方在其中的地位作用等综合认定。夫妻从事商业活动，视情适用公司法、合同法、合伙企业法等法律及司法解释的规定。夫妻共同生产经营所负的债务一般包括双方共同从事工商业、共同投资以及购买生产资料等所负的债务。

问：涉及夫妻共同债务纠纷案件中的举证证明责任如何分配？

答：《解释》前三个条款虽然分别规定了共同意思表示所负的夫妻共同债务、家庭日常生活所负的夫妻共同债务、债权人能够证明的夫妻共同债务，但从举证证明责任分配的角度看，可以分为两类：一是家庭日常生活所负的共同债务；二是超出家庭日常生活所负的共同债务。对于前者，原则上推定为夫妻共同债务，债权人无需举证证明；如果举债人的配偶一方反驳认为不属于夫妻共同债务的，则由其举证证明所负债务并非用于家庭日常生活。对于后者，虽然债务形成于婚姻关系存续期间和夫妻共同财产制下，但一般情况下并不当然认定为夫妻共同债务；债权人主张属于夫妻共同债务的，应当由其根据民事诉讼法第六十四条“当事人对自己提出的主张，有责任提供证据”等规定，举证证明该债务属于夫妻共同生活、共同生产经营所负债务，或者所负债务基于夫妻双方共同的意思表示。如果债权人不能证明的，则不能认定为夫妻共同债务。

这里需要指出的是，《解释》第一条规定的共同意思表示所负的夫妻共同债务，与上述债权人需要举证证明所负债务基于夫妻双方共同意思表示，是一脉相承的。夫妻双方共同签字的借款合同、借据，以及夫妻一方事后追认或者电话、短信、微信、邮件等其他体现共同举债意思表示的有关证据，恰恰是债权人用以证明债务系夫妻共同债务的有力证据。上述区分是否属于家庭日常生活范围形成债务的不同举证证明责任的分配规则，有效解决了目前争议突出的债权人权益保护和未举债夫妻一方权益保护的平衡问题。

问：法律制度是如何防范夫妻双方串通损害债权人，或者夫妻一方与债权人串通损害另一方的？

答：防范夫妻双方串通损害债权人利益的风险，法律和司法解释有所规定。对于夫妻个人债务，合同法第五十二条、第七十四条规定，在夫妻双方对财产的约定、转让或者离婚时对财产的分割协议明显不利于举债一方，导致举债一方无力偿还债务的情况下，债权人可以向人民法院主张该协议无效或者予以撤销。对于夫妻共同债务，本《解释》在婚姻法司法解释（二）第二十四条基础上进一步细化完善了夫妻共同债务的认定标准，即夫妻双方共同意思表示所负的债务，一方为家庭日常生活需要所负的债务，一方超出家庭日常生活需要举债但债权人能够证明用于夫妻共同生活或者共同生产经营的债务，都应当认定为夫妻共同债务。与本《解释》配套的是，婚姻法司法解释（二）第二十五条、第二十六条规定，当事人离婚时对夫妻财产进行分割或者夫妻一方死亡的，债权人仍有权就夫妻共同债务向男女双方或者生存一方主张权利。以上法律和司法解释密织第一张法网，防范了夫妻双方串通损害债权人利益的风险，保护了善意债权人的合法权益。

防范夫妻一方与债权人串通损害另一方利益的风险，法律和司法解释也有所规定。婚姻法第十三条、第十七条第二款规定，夫妻在家庭中地位平等，对于共同所有的财产有平等的处理权，表明对于处分共同财产包括较大数额举债等重大事项，夫妻应当共同决定。最高人民法院 2017 年 2 月 28 日发布的《婚姻法司法解释（二）补充规定》（以下简称《补充规定》），明确虚假债务和非法债务不受保护；又向全国法院发出《最高人民法院关于依法妥善审理涉及夫妻债务案件有关问题的通知》（以下简称《通知》），强调了审理涉及夫妻债务案件要坚持法治和德治相结合原则、保障未具名举债夫妻一方的诉讼权利、审查夫妻债务是否真实发生、区分合法债务和非法债务、把握不同阶段夫妻债务的认定标准、保护被执行夫妻双方基本生存权益不受影响、制裁夫妻一方与第三人串通伪造债务的虚假诉讼等 7 个要求，对于司法实践甄别和排除非法债务、虚假债务具有重要意义。在《补充规定》和《通知》的基础上，本《解释》进一步明确了夫妻共同债务的范围，并合理分配举证证明责任。以上法律和司法解释密织第二张法网，防范了夫妻一方串通债权人损害另一方利益的风险，更避免了夫妻一方在不知情、未受益的情况下“被负债”的风险，保障了未举债夫妻一方的知情权、同意权。

问：如何理解和把握《解释》的适用范围？

答：《解释》第四条规定："本解释自2018年1月18日起施行。本解释施行后，最高人民法院此前作出的相关司法解释与本解释相抵触的，以本解释为准。"

《解释》系针对社会关切的夫妻共同债务认定标准问题作出的细化和完善，这里所指的"最高人民法院此前作出的相关司法解释与本解释相抵触的"内容，主要是指有关夫妻共同债务认定标准的其他司法解释内容，与本《解释》规定不一致的，今后不再适用。

对于《解释》施行前，经审查甄别确属认定事实不清、适用法律错误、结果明显不公的案件，人民法院将以对人民群众高度负责的态度，秉持实事求是、有错必纠的原则，以事实为依据，以法律为准绳，依法予以纠正，努力让人民群众在每一个司法案件中感受到公平正义。

最高人民法院

关于充分发挥审判职能作用为企业家创新创业营造良好法治环境的通知

2017年12月29日　　　　法〔2018〕1号

各省、自治区、直辖市高级人民法院，解放军军事法院，新疆维吾尔自治区高级人民法院生产建设兵团分院：

2017年9月8日，中共中央、国务院印发《关于营造企业家健康成长环境弘扬优秀企业家精神更好发挥企业家作用的意见》（以下简称《意见》），这是推进供给侧结构性改革、实施创新发展战略、促进经济持续平稳健康发展的重要举措。为深入贯彻党的十九大精神和《意见》的要求，充分发挥审判职能作用，依法平等保护企业家合法权益，为企业家创新创业营造良好法治环境，现通知如下。

一、深刻认识依法平等保护企业家合法权益的重大意义。企业家是经济活动的重要主体。改革开放以来，一大批优秀企业家在市场竞争中迅速成长，为积累社会财富、创造就业岗位、促进经济社会发展、增强综合国力做出了重要贡献。人民法院充分发挥审判职能作用，依法平等保护企业家合法权益，为企业家创新创业营造良好法治环境，对于增强企业家人身及财产财富安全感，稳定社会预期，使企业家安心经营、放心投资、专心创业，充分发挥企业家在建设现代化经济体系、促进经济持续平稳健康发展中的作用具有重大意义。

二、依法保护企业家的人身自由和财产权利。严格执行刑事法律和司法解释，坚决防止利用刑事手段干预经济纠纷。坚持罪刑法定原则，对企业家在生产、经营、融资活动中的创新创业行为，只要不违反刑事法律的规定，不得以犯罪论处。严格非法经营罪、合同诈骗罪的构成要件，防止随意扩大适用。对于在合同签订、履行过程中产生的民事争议，如无确实充分的证据证明符合犯罪构成的，不得作为刑事案件处理。严格区分企业家违法所得和合法财产，没有充分证据证明为违法所得的，不得判决追缴或者责令退赔。严格区分企业家个人财产和企业法人财产，在处理企业犯罪时不得牵连企业家个人合法财产和家庭成员财产。

三、依法保护诚实守信企业家的合法权益。妥善认定政府与企业签订的合同效力，对有关政府违反承诺，特别是仅因政府换届、领导人员更替等原因违约、毁约的，依法支持企业的合理诉求。妥善审理因政府规划调整、政策变化引发的民商事、行政纠纷案件，对于确因政府规划调整、政策变化导致当事人签订的民商事合同不能履行的，依法支持当事人解除合同的请求。对于当事人请求返还已经支付的国有土体使用权出让金、投资款、租金或者承担损害赔偿责任的，依法予以支持。对企业家财产被征收征用的，要综合运用多种方式进行公平合理的补偿。

四、依法保护企业家的知识产权。完善符合知识产权案件特点的诉讼证据规则，着力破解知识产权权利人“举证难”问题。推进知识产权民事、刑事、行政案件审判三合一，增强知识产权司法保护的整体效能。建立以知识产权市场价值为指引，补偿为主、惩罚为辅的侵权损害司法认定机制，提高知识产权侵权赔偿标准。探索建立知识产权惩罚性赔偿制度，着力解决实践中存在的侵权成本低、企业家维权成本高的问题。坚持依法维护劳动者合法权益与促进企业生存发展并重的原则，依法保护用人单位的商业秘密等合法权益。

五、依法保护企业家的自主经营权。加强金融审判工作，促进金融服务实体经济。对商业银行、典当公司、小额贷款公司等金融机构以不合理收费变相收取高息的，参照民间借贷利率标准处理，降低企业融资成本。加强破产案件审理，对于暂时经营困难但是适应市场需要具有发展潜力和经营价值的企业，综合运用重整、和解等手段，促进生产要素的优化组合和企业转型升级。对违法违规向企业收费或者以各种监督检查的名义非法干预企业自主经营权的，依法予以纠正。严格依法采取财产保全、行为保全等强制措施，防止当事人恶意利用保全手段，侵害企业正常生产经营。对资金暂时周转困难、尚有经营发展前景的负债企业，慎用冻结、划拨流动资金等手段。加强对虚假诉讼和恶意诉讼的审查力度，对于恶意利用诉讼打击竞争企业，破坏企业家信誉的，要区分情况依法处理。

六、努力实现企业家的胜诉权益。综合运用各种强制执行措施，加快企业债权实现。强化对失信被执行人的信用惩戒力度，推动完善让失信主体“一处失信、处处受限”的信用惩戒大格局。同时，营造鼓励创新、宽容失败的社会氛围。对已经履行生效裁判文书义务或者申请人滥用失信被执行人名单的，要及时恢复企业家信用。对经营失败无偿债能力但无故意规避执行情形的企业家，要及时从失信被执行人名单中删除。

七、切实纠正涉企业家产权冤错案件。进一步加大涉企业家产权冤错案件的甄别纠正工作力度，对于涉企业家产权错案冤案，要依法及时再审，尽快纠正。准确适用国家赔偿法，及时启动国家赔偿程序，公正高效审理涉及企业家的国家赔偿案件，加大赔偿决定执行力度，依法保障企业家的合法权益。

八、不断完善保障企业家合法权益的司法政策。进一步加快“智慧法院”建设，充分利用信息技术，深入调研涉企业家案件的审判执行疑难问题，及时总结审判经验，健全裁判规则。加大制定司法解释、发布指导性案例工作力度，统一司法尺度和裁判标准。在制定有关司法政策、司法解释过程中要充分听取企业家的意见、建议。

九、推动形成依法保障企业家合法权益的良好社会氛围。进一步通过公开开庭等生动直观的形式，大力宣传党和国家依法平等保护企业家合法权益弘扬优秀企业家精神的方针政策。持续强化以案释法工作，及时公布一批依法保护企业家合法权益的典型案例和好做法、好经验，推动形成企业家健康成长良好法治环境和社会氛围。

十、增强企业家依法维护权益、依法经营的意识。加大对企业家的法治宣传和培训力度，提高企业家依法维护自身合法权益的意识和能力。依法打击破坏市场秩序、不正当竞争等违法行为，积极引导企业家在经营活动中遵纪守法、诚实守信、公平竞争、恪尽责任，弘扬优秀企业家精神。

各级人民法院要加强组织领导，制定工作方案，切实将依法保障企业家合法权益的工作落到实处。在审判执行工作中遇到新情况新问题的，请及时层报最高人民法院。

最高人民法院研究室负责人解读 法院保障企业家创新创业

近日，最高人民法院下发了《最高人民法院关于充分发挥审判职能作用为企业家创新创业营造良好法治环境的通知》（以下简称通知）。1月2日，《法制日报》记者就此采访了最高人民法院研究室负责人。

当前，利用刑事手段插手经济纠纷的现象一定程度存在。最高法研究室负责人指出，利用刑事手段插手经济纠纷，是企业家们反映较为突出的问题，直接影响到企业家人身及财产财富安全感，关系到企业家能否真正做到安心经营、放心投资、专心创业。因此，坚决防止利用刑事手段干预经济纠纷，依法保护企业家人身财产权利，对于回应企业家关切，引导企业家预期，激励企业家创新具有重要意义。

企业犯罪不得牵连个人财产

记者：通知引起社会广泛关注。请问当前为什么要出台这个通知？

答：企业家是经济活动的重要主体。去年9月8日，中共中央国务院印发了《关于营造企业家健康成长环境弘扬优秀企业家精神更好发挥企业家作用的意见》，这是推进供给侧结构性改革、实施创新发展战略、促进经济持续平稳健康发展的重要举措。意见明确提出要“营造保护企业家合法权益的法治环境”，依法保护企业家的财产权、创新权益、自主经营权等权益。人民法院作为审判机关，每年审理大量的涉企业家的各类案件，在依法平等保护企业家合法权益、营造企业家创新创业良好法治环境方面负有重要责任，最高法发布通知是认真贯彻落实中央意见的具体举措。

通知的出台，将进一步提高全国各级法院依法维护企业家合法权益的水平，增强企业家人身及财产财富安全感，使企业家安心经营、放心投资、专心创业，促进我国经济持续平稳健康发展。

记者：通知在防止利用刑事手段干预经济纠纷方面有哪些具体措施。

答：通知提出，对企业家在生产、经营、融资活动中的创新行为，只要不违反刑事法律的规定，不得以犯罪论处。对于在合同签订、履行过程中产生的民事争议，如无确实充分的证据证明符合犯罪构成要件的，不得作为刑事案件处理。严格区分企业家违法所得和合法财产，没有充分证据证明为违法所得的，不得判决追缴或者责令退赔。严格区分企业家个人财产和企业法人财产，在处理企业犯罪时不得牵连企业家个人合法财产和家庭成员财产。

政府违约支持企业合理诉求

记者：当前企业家比较关心营造有利于企业家成长发展的公开公平公正的市场环境。通知对此有何具体要求？

答：2017 年 8 月 7 日，最高法专门出台《关于为改善营商环境提供司法保障的若干意见》，对改善投资和市场环境，营造稳定公平透明、可预期的营商环境，加快建设开放型经济新体制提供司法服务和保障明确了意见，提出相应的具体措施。通知在该意见基础上，提出了进一步加大审判力度、强化企业家合法权益保障的具体措施。其中，比较重要的有三方面内容：

针对企业家反映的某些地方政府违约的问题，通知规定妥善认定政府与企业签订的合同效力，对政府违反承诺违约、毁约的，依法支持企业的合理诉求；对于确因政府规划调整、政策变化导致当事人签订的民商事合同不能履行的，依法支持当事人解除合同的请求；对于当事人请求返还国有土地使用权出让金、投资款、租金或者承担赔偿损失责任的，依法予以支持；对企业财产被征收征用的，要综合运用多种方式公平合理补偿。

针对企业家反映强烈的融资难、融资成本高的问题，通知明确把促进金融服务实体经济，作为金融审判的价值导向，提出对商业银行、典当公司、小额贷款公司等金融机构以不合理收费变相收取高息的，应参照民间借贷利率标准处理，即按照《最高人民法院关于审理民间借贷案件适用法律若干问题的规定》第26条规定的利率标准处理。

针对企业家反映较为突出的实践中存在的知识产权侵权成本低、企业家维权成本高的问题，通知明确要求各级人民法院要建立以知识产权市场价值为指引，以补偿为主、惩罚为辅的侵权损害司法认定机制，提高知识产权侵权赔偿标准，并要求在知识产权审判中建立知识产权惩罚性赔偿制度。

加大涉产权冤错案纠正力度

记者：当前社会诚信建设亟需加强。请问人民法院如何通过审判执行工作促进社会诚信建设？

答：一方面，按照中央意见中关于实行守信联合激励和失信联合惩戒的规定，通知明确要求各级人民法院要推动完善让失信主体“一处失信、处处受限”的信用惩戒大格局，强化对失信被执行人的信用惩戒力度，促进社会诚信建设，实现长效治理。另一方面，通知还针对调研中企业家反映较为突出的信用恢复机制问题，按照中央意见的精神，要求各级人民法院对已经履行生效裁判文书义务或者申请人滥用失信被执行人名单的，及时恢复企业家信用，保护企业的正常生产经营活动；对经营失败无偿债能力但无逃避执行情形的企业家，及时从失信被执行人名单中删除，营造鼓励创新、宽容失败的社会氛围。

记者：人民法院如何进一步加大涉企业家产权冤错案件的甄别纠正工作力度？

答：2016年，最高法发布了《关于充分发挥审判职能作用切实加强产权司法保护的意见》、《关于依法妥善处理历史形成的产权案件工作实施意见》。针对历史形成的涉产权冤错案件，最高法成立甄别纠正工作小组，审查有关申诉案件或再审申请。经过一年多的努力，最高法对当事人申诉及申请再审的一批案件进行了认真的审查甄别。

去年年底，最高法决定对原审被告人张文中诈骗、单位行贿、挪用资金案、原审被告人顾雏军虚报注册资本、违规披露、不披露重要信息、挪用资金案等三起重大涉产权案件启动再审，这是贯彻中央全面依法治国方略和中央关于产权保护意见的重大举措。纠正一起错案胜过制定一打文件。对确有错误的涉产权案件特别是具有重大社会影响的涉产权错案进行再审，必将进一步增强广大企业家的财产财富安全感，稳定企业家的预期，对推进当前正在进行的供给侧结构性改革，促进我国经济持续平稳健康发展产生积极而深远的影响。

人民法院办理执行案件规范

（第 681 条 ~ 第 780 条）

681. 【保全不影响优先权】

人民法院对抵押物、质押物、留置物可以采取财产保全措施，但不影响抵押权人、质权人、留置权人的优先受偿权。①

682. 【保全的效力】

人民法院裁定采取保全措施后，除作出保全裁定的人民法院自行解除或者其上级人民法院决定解除外，在保全期限内，任何单位不得解除保全措施。②

683. 【保全财产的自行处分】

财产保全期间，被保全人请求对被保全财产自行处分，人民法院经审查，认为不损害申请保全人和其他执行债权人合法权益的，可以准许，但应当监督被保全人按照合理价格在指定期限内处分，并控制相应价款。

被保全人请求对作为争议标的的被保全财产自行处分的，须经申请保全人同意。

人民法院准许被保全人自行处分被保全财产的，应当通知申请保全人；申

① 《最高人民法院关于适用〈中华人民共和国民事诉讼法〉的解释》（法释〔2015〕5 号）第一百五十七条。

② 《最高人民法院关于适用〈中华人民共和国民事诉讼法〉的解释》（法释〔2015〕5 号）第一百六十五条。

请保全人不同意的，可以依照民事诉讼法第二百二十五条规定提出异议。①

684.【保全财产的变更】

财产保全的被保全人提供其他等值担保财产且有利于执行的，人民法院可以裁定变更保全标的物为被保全人提供的担保财产。②

财产纠纷案件，被保全人或第三人提供充分有效担保请求解除保全，人民法院应当裁定准许。被保全人请求对作为争议标的的财产解除保全的，须经申请保全人同意。③

685.【保全解除之一】

裁定采取保全措施后，有下列情形之一的，人民法院应当作出解除保全裁定：

（一）保全错误的；

（二）申请人撤回保全申请的；

（三）申请人的起诉或者诉讼请求被生效裁判驳回的；

（四）人民法院认为应当解除保全的其他情形。

解除以登记方式实施的保全措施的，应当向登记机关发出协助执行通知书。④

686.【保全解除之二】

人民法院采取财产保全措施后，有下列情形之一的，申请保全人应当及时申请解除保全：

（一）采取诉前财产保全措施后三十日内不依法提起诉讼或者申请仲裁的；

（二）仲裁机构不予受理仲裁申请、准许撤回仲裁申请或者按撤回仲裁申请处理的；

（三）仲裁申请或者请求被仲裁裁决驳回的；

---

① 《最高人民法院关于人民法院办理财产保全案件若干问题的规定》（法释〔2016〕22号）第二十条。

② 《最高人民法院关于适用〈中华人民共和国民事诉讼法〉的解释》（法释〔2015〕5号）第一百六十七条。

③ 《最高人民法院关于人民法院办理财产保全案件若干问题的规定》（法释〔2016〕22号）第二十二条。

④ 《最高人民法院关于适用〈中华人民共和国民事诉讼法〉的解释》（法释〔2015〕5号）第一百六十六条。

（四）其他人民法院对起诉不予受理、准许撤诉或者按撤诉处理的；

（五）起诉或者诉讼请求被其他人民法院生效裁判驳回的；

（六）申请保全人应当申请解除保全的其他情形。

人民法院收到解除保全申请后，应当在五日内裁定解除保全；对情况紧急的，必须在四十八小时内裁定解除保全。

申请保全人未及时申请人民法院解除保全，应当赔偿被保全人因财产保全所遭受的损失。

被保全人申请解除保全，人民法院经审查认为符合法律规定的，应当在本条第二款规定的期间内裁定解除保全。①

687.【保全裁定的撤销、变更或者补正】

财产保全裁定执行中，人民法院发现保全裁定的内容与被保全财产的实际情况不符的，应当予以撤销、变更或补正。②

688.【对保全与否裁定的复议】

申请保全人、被保全人对保全裁定或者驳回申请裁定不服的，可以自裁定书送达之日起五日内向作出裁定的人民法院申请复议一次。人民法院应当自收到复议申请后十日内审查。

对保全裁定不服申请复议的，人民法院经审查，理由成立的，裁定撤销或变更；理由不成立的，裁定驳回。

对驳回申请裁定不服申请复议的，人民法院经审查，理由成立的，裁定撤销，并采取保全措施；理由不成立的，裁定驳回。③

689.【保全执行行为异议】

申请保全人、被保全人、利害关系人认为保全裁定实施过程中的执行行为违反法律规定提出书面异议的，人民法院应当依照民事诉讼法第二百二十五条规定审查处理。④

---

① 《最高人民法院关于人民法院办理财产保全案件若干问题的规定》（法释〔2016〕22号）第二十三条。

② 《最高人民法院关于人民法院办理财产保全案件若干问题的规定》（法释〔2016〕22号）第二十四条。

③ 《最高人民法院关于人民法院办理财产保全案件若干问题的规定》（法释〔2016〕22号）第二十五条。

④ 《最高人民法院关于人民法院办理财产保全案件若干问题的规定》（法释〔2016〕22号）第二十六条。

690.【案外人异议】

人民法院对诉讼争议标的以外的财产进行保全，案外人对保全裁定或者保全裁定实施过程中的执行行为不服，基于实体权利对被保全财产提出书面异议的，人民法院应当依照民事诉讼法第二百二十七条规定审查处理并作出裁定。案外人、申请保全人对该裁定不服的，可以自裁定送达之日起十五日内向人民法院提起执行异议之诉。

人民法院裁定案外人异议成立后，申请保全人在法律规定的期间内未提起执行异议之诉的，人民法院应当自起诉期限届满之日起七日内对该被保全财产解除保全。[①] 691.【海事保全】

海事诉讼中，海事请求人申请海事请求保全，适用海事诉讼特别程序法及相关司法解释。[②]

692.【财产保全案件的结案】

执行财产保全裁定案件的结案方式包括：

（一）保全完毕，即保全事项全部实施完毕；

（二）部分保全，即因未查询到足额财产，致使保全事项未能全部实施完毕；

（三）无标的物可实施保全，即未查到财产可供保全。[③]

二、先予执行

693.【先予执行的情形】

人民法院对下列案件，根据当事人的申请，可以裁定先予执行：

（一）追索赡养费、扶养费、抚育费、抚恤金、医疗费用的；

（二）追索劳动报酬的；

（三）需要立即停止侵害、排除妨碍的；

（四）需要立即制止某项行为的；

（五）追索恢复生产、经营急需的保险理赔费的；

---

① 《最高人民法院关于人民法院办理财产保全案件若干问题的规定》（法释〔2016〕22 号）第二十七条。

② 《最高人民法院关于人民法院办理财产保全案件若干问题的规定》（法释〔2016〕22 号）第二十八条。

③ 《最高人民法院关于执行案件立案、结案若干问题的意见》（法发〔2014〕26 号）第二十一条。

（六）需要立即返还社会保险金、社会救助资金的；

（七）不立即返还款项，将严重影响权利人生活和生产经营的；

（八）因情况紧急需要先予执行的。①

694.【先予执行的条件】

人民法院裁定先予执行的，应当符合下列条件：

（一）当事人之间权利义务关系明确，不先予执行将严重影响申请人的生活或者生产经营的；

（二）被申请人有履行能力。

人民法院可以责令申请人提供担保，申请人不提供担保的，驳回申请。申请人败诉的，应当赔偿被申请人因先予执行遭受的财产损失。②

695.【采取先予执行措施的期间和范围】

民事诉讼法规定的先予执行，人民法院应当在受理案件后终审判决作出前采取。先予执行应当限于当事人诉讼请求的范围，并以当事人的生活、生产经营的急需为限。③

696.【法院内部职责分工】

先予执行的申请由审判机构审查并作出裁定。裁定先予执行的，移交执行机构执行。④

697.【法律适用】

先予执行裁定的执行适用民事执行的有关规定。⑤

---

① 本条第（一）（二）（八）项参照《中华人民共和国民事诉讼法》（2012年8月31日第二次修正）第一百零六条，本条第（三）至（七）项参照《最高人民法院关于适用〈中华人民共和国民事诉讼法〉的解释》（法释〔2015〕5号）第一百七十条。

② 《中华人民共和国民事诉讼法》（2012年8月31日第二次修正）第一百零七条。

③ 《最高人民法院关于适用〈中华人民共和国民事诉讼法〉的解释》（法释〔2015〕5号）第一百六十九条。

④ 参照《最高人民法院关于执行权合理配置和科学运行的若干意见》（法发〔2011〕15号）第16条。

⑤ 参照《最高人民法院关于人民法院民事执行中查封、扣押、冻结财产的规定》（法释〔2004〕15号）第三十二条，《最高人民法院、中国人民银行关于依法规范人民法院执行和金融机构协助执行的通知》（法发〔2000〕21号）第十一条，《最高人民法院、国土资源部、建设部关于依法规范人民法院执行和国土资源房地产管理部门协助执行若干问题的通知》（法发〔2004〕5号）第二十八条等。

698.【对先予执行裁定的复议】

当事人对先予执行的裁定不服的，可以申请复议一次。复议期间不停止裁定的执行。①

当事人对先予执行裁定不服的，可以自收到裁定书之日起五日内向作出裁定的人民法院申请复议。人民法院应当在收到复议申请后十日内审查。裁定正确的，驳回当事人的申请；裁定不当的，变更或者撤销原裁定。②

利害关系人对先予执行的裁定不服申请复议的，由作出裁定的人民法院依照本条第一款规定处理。③

699.【先予执行的回转】

人民法院先予执行后，根据发生法律效力的判决，申请人应当返还因先予执行所取得的利益的，适用民事诉讼法第二百三十三条④的规定。⑤

第二节　仲裁裁决的执行⑥

700.【立案和管辖】

对依法设立的仲裁机构的裁决，一方当事人不履行的，对方当事人可以向有管辖权的人民法院申请执行。受申请的人民法院应当执行。⑦

当事人申请执行仲裁裁决案件，由被执行人住所地或者被执行的财产所在地的中级人民法院管辖。⑧

当事人向人民法院申请执行我国仲裁机构作出已经发生法律效力的仲裁裁

① 参照《中华人民共和国民事诉讼法》（2012年8月31日第二次修正）第一百零八条。

② 参照《最高人民法院关于适用〈中华人民共和国民事诉讼法〉的解释》（法释〔2015〕5号）第一百七十一条。

③ 参照《最高人民法院关于适用〈中华人民共和国民事诉讼法〉的解释》（法释〔2015〕5号）第一百七十二条。

④ 《中华人民共和国民事诉讼法》（2012年8月31日第二次修正）第二百三十三条规定："执行完毕后，据以执行的判决、裁定和其他法律文书确有错误，被人民法院撤销的，对已被执行的财产，人民法院应当作出裁定，责令取得财产的人返还；拒不返还的，强制执行。"

⑤ 《最高人民法院关于适用〈中华人民共和国民事诉讼法〉的解释》（法释〔2015〕5号）第一百七十三条。

⑥ 本节所指的仲裁裁决仅指国内仲裁机构作出的不具有涉外因素的仲裁裁决。

⑦ 《中华人民共和国民事诉讼法》（2012年8月31日第二次修正）第二百三十七条第一款。

⑧ 《最高人民法院关于适用〈中华人民共和国仲裁法〉若干问题的解释》（法释〔2006〕7号）第二十九条。

决和调解书的，应提交符合本规范第31条、第32条规定要求的材料。①

701.【仲裁案卷的调阅】

根据执行仲裁裁决案件的实际需要，人民法院可以要求仲裁机构作出说明或者向相关仲裁机构调阅仲裁案卷。

人民法院在办理涉及仲裁的案件过程中作出的裁定，可以送相关的仲裁机构。②

702.【申请撤销仲裁裁决对执行程序的影响】

人民法院受理当事人撤销仲裁裁决的申请后，另一方当事人申请执行同一仲裁裁决的，受理执行申请的人民法院应当在受理后裁定中止执行。③

一方当事人申请执行裁决，另一方当事人申请撤销裁决的，人民法院应当裁定中止执行。

人民法院裁定撤销裁决的，应当裁定终结执行。撤销裁决的申请被裁定驳回的，人民法院应当裁定恢复执行。④

703.【不予执行】

当事人在执行程序终结前向执行法院提起对仲裁裁决申请不予执行的，参照本规范第二十五章第三节的相关规定处理。⑤

被执行人提出不予执行请求，并提供适当担保的，人民法院应当依照本规范第100条第八项规定裁定中止执行。⑥

704.【结案】

执行实施案件立案后，被执行人对仲裁裁决提出不予执行申请，经人民法

---

① 参照《最高人民法院关于人民法院执行工作若干问题的规定（试行）》（法释〔1998〕15号）第18条、第21条第1款。

② 参照《最高人民法院关于适用〈中华人民共和国仲裁法〉若干问题的解释》（法释〔2006〕7号）第三十条。

③《最高人民法院关于适用〈中华人民共和国仲裁法〉若干问题的解释》（法释〔2006〕7号）第二十五条。

④《中华人民共和国仲裁法》（2009年8月27日修正）第六十四条。

⑤ 参照《最高人民法院关于适用〈中华人民共和国民事诉讼法〉的解释》（法释〔2015〕5号）第四百八十一条。

⑥ 参照《最高人民法院关于关于人民法院执行工作若干问题的规定（试行）》（法释〔1998〕15号）第102条第5项。

院审查，裁定不予执行的，以“不予执行”方式结案；[1]

人民法院裁定撤销裁决的，以“终结执行”方式结案；[2]

其他情形下，参照本规范第二十章第七节的其他相关规定结案。

第三节　劳动人事争议仲裁裁决的执行

705.【劳动人事争议仲裁裁决的申请执行与受理】

当事人对劳动人事争议仲裁委员会作出的发生法律效力的调解书、裁决书[3]，应当依照规定的期限履行。一方当事人逾期不履行的，另一方当事人可以依照民事诉讼法的有关规定向人民法院申请执行。受理申请的人民法院应当依法执行。[4]

劳动人事争议仲裁委员会对多个劳动者的劳动争议作出仲裁裁决后，部分劳动者对仲裁裁决不服，依法向人民法院起诉的，仲裁裁决对提出起诉的劳动者不发生法律效力；对未提出起诉的部分劳动者，发生法律效力，如其申请执行的，人民法院应当受理。[5]

706.【预先支付工资、费用裁决的执行和受理】

当事人不服劳动人事争议仲裁委员会作出的预先支付劳动者部分工资或者医疗费用的裁决，向人民法院起诉的，人民法院不予受理。用人单位不履行上述裁决中的给付义务，劳动者依法向人民法院申请强制执行的，人民法院应予

---

① 参照《最高人民法院关于执行案件立案、结案若干问题的意见》（法发〔2014〕26号）第十九条。

② 参照《中华人民共和国仲裁法》（2009年8月27日修正）第六十四条第二款。

③ 劳动人事争议仲裁委员会作出的发生法律效力的裁决书，可参照下列规范确定。《中华人民共和国劳动争议调解仲裁法》（2007年12月29日）第四十七条规定：“下列劳动争议，除本法另有规定的外，仲裁裁决为终局裁决，裁决书自作出之日起发生法律效力：（一）追索劳动报酬、工伤医疗费、经济补偿或者赔偿金，不超过当地月最低工资标准十二个月金额的争议；（二）因执行国家的劳动标准在工作时间、休息休假、社会保险等方面发生的争议。”第四十八条规定：“劳动者对本法第四十七条规定的仲裁裁决不服的，可以自收到仲裁裁决书之日起十五日内向人民法院提起诉讼。”第五十条规定：“当事人对本法第四十七条规定以外的其他劳动争议案件的仲裁裁决不服的，可以自收到仲裁裁决书之日起十五日内向人民法院提起诉讼；期满不起诉的，裁决书发生法律效力。”

④ 参照《中华人民共和国劳动争议调解仲裁法》（2007年12月29日）第五十一条。

⑤ 参照《最高人民法院关于审理劳动争议案件时间适用法律若干问题的解释》（法释〔2001〕14号）第十八条。

受理。①

707.【先予执行】

仲裁庭对追索劳动报酬、工伤医疗费、经济补偿或者赔偿金的案件，根据当事人的申请，可以裁决先予执行，移送人民法院执行。

仲裁庭裁决先予执行的，应当符合下列条件：

（一）当事人之间权利义务关系明确；

（二）不先予执行将严重影响申请人的生活。

劳动者申请先予执行的，可以不提供担保。②

708.【劳动人事争议仲裁裁决不予执行审查期间的执行】

劳动人事争议仲裁委员会作出终局裁决③，劳动者向人民法院申请执行，用人单位向劳动人事争议仲裁委员会所在地的中级人民法院申请撤销的，人民法院应当裁定中止执行。

用人单位撤回撤销终局裁决申请或者其申请被驳回的，人民法院应当裁定恢复执行。仲裁裁决被撤销的，人民法院应当裁定终结执行。④

第四节　公证债权文书的执行

709.【立案和管辖】

一方当事人不履行公证机关依法赋予强制执行效力的债权文书，对方当事人可以凭原公证书及执行证书，向被执行人住所地或被执行的财产所在地人民法院申请执行，受申请的人民法院应当执行。⑤

---

① 参照《最高人民法院关于审理劳动争议案件适用法律若干问题的解释（二）》（法释〔2006〕6号）第八条。

② 《中华人民共和国劳动争议调解仲裁法》（2007年12月29日）第四十四条。

③ 《中华人民共和国劳动争议调解仲裁法》（2007年12月29日）第四十七条规定："下列劳动争议，除本法另有规定的外，仲裁裁决为终局裁决，裁决书自作出之日起发生法律效力：（一）追索劳动报酬、工伤医疗费、经济补偿或者赔偿金，不超过当地月最低工资标准十二个月金额的争议；（二）因执行国家的劳动标准在工作时间、休息休假、社会保险等方面发生的争议。"

④ 参照《最高人民法院关于审理劳动争议案件适用法律若干问题的解释（三）》（法释〔2010〕12号）第十八条第一款、第二款。

⑤ 参照《中华人民共和国民事诉讼法》（2012年8月31日第二次修正）第二百三十八条，《最高人民法院关于人民法院执行工作若干问题的规定（试行）》（法释〔1998〕15号）第10条，《最高人民法院、司法部关于公证机关赋予强制执行效力的债权文书执行有关问题的联合通知》（司发通〔2000〕107号）第七条。

公证债权文书执行的级别管辖，参照各地法院受理诉讼案件的级别管辖的规定确定。①

710.【公证机关赋予强制执行效力的债权文书的条件】

公证机关赋予强制执行效力的债权文书应当具备以下条件：

（一）债权文书具有给付货币、物品、有价证券的内容；

（二）债权债务关系明确，债权人和债务人对债权文书有关给付内容无疑义；

（三）债权文书中载明债务人不履行义务或不完全履行义务时，债务人愿意接受依法强制执行的承诺。②

711.【公证机关赋予强制执行效力的债权文书的范围】

公证机关赋予强制执行效力的债权文书的范围：

（一）借款合同、借用合同、无财产担保的租赁合同；

（二）赊欠货物的债权文书；

（三）各种借据、欠单；

（四）还款（物）协议；

（五）以给付赡养费、扶养费、抚育费、学费、赔（补）偿金为内容的协议；

（六）符合赋予强制执行效力条件的其他债权文书。③

712.【债权文书强制执行力的赋予】

公证机关在办理符合赋予强制执行的条件和范围的合同、协议、借据、欠单等债权文书公证时，应当依法赋予该债权文书具有强制执行效力。

未经公证的符合本规范第711条规定的合同、协议、借据、欠单等债权文书，在履行过程中，债权人申请公证机关赋予强制执行效力的，公证机关必须征求债务人的意见；如债务人同意公证并愿意接受强制执行的，公证机关可以

---

① 参照《最高人民法院关于人民法院执行工作若干问题的规定（试行）》（法释〔1998〕15号）第10条第2款。

②《最高人民法院、司法部关于公证机关赋予强制执行效力的债权文书执行有关问题的联合通知》（司发通〔2000〕107号）第一条。

③《最高人民法院、司法部关于公证机关赋予强制执行效力的债权文书执行有关问题的联合通知》（司发通〔2000〕107号）第二条。

依法赋予该债权文书强制执行效力。①

713.【执行证书】

债务人不履行或不完全履行公证机关赋予强制执行效力的债权文书的，债权人可以向原公证机关申请执行证书。②

公证机关签发执行证书应当注明被执行人、执行标的和申请执行的期限。债务人已经履行的部分，在执行证书中予以扣除。因债务人不履行或不完全履行而发生的违约金、利息、滞纳金等，可以列入执行标的。③

714.【公证卷宗的调阅】

人民法院接到申请执行书，应当依法按规定程序办理。必要时，可以向公证机关调阅公证卷宗，公证机关应当提供。案件执行完毕后，由人民法院在十五日内将公证卷宗附结案通知退回公证机关。④

715.【不予执行】

当事人在执行程序终结前向执行法院提起对公证债权文书申请不予执行的，参照本规范第二十五章第三节的相关规定处理。⑤

716.【结案】

执行实施案件立案后，被执行人对公证债权文书提出不予执行申请，经人民法院审查，裁定不予执行的，以“不予执行”方式结案。⑥

其他情形下，参照本规范第二十章第七节的其他相关规定结案。

① 参照《最高人民法院、司法部关于公证机关赋予强制执行效力的债权文书执行有关问题的联合通知》（司发通〔2000〕107号）第三条。

② 《最高人民法院、司法部关于公证机关赋予强制执行效力的债权文书执行有关问题的联合通知》（司发通〔2000〕107号）第四条。

③ 《最高人民法院、司法部关于公证机关赋予强制执行效力的债权文书执行有关问题的联合通知》（司发通〔2000〕107号）第六条。

④ 《最高人民法院、司法部关于公证机关赋予强制执行效力的债权文书执行有关问题的联合通知》（司发通〔2000〕107号）第八条。

⑤ 参照《最高人民法院关于适用〈中华人民共和国民事诉讼法〉的解释》（法释〔2015〕5号）第四百八十一条。

⑥ 参照《最高人民法院关于执行案件立案、结案若干问题的意见》（法发〔2014〕26号）第十九条。

第五节　刑事裁判涉财产部分的执行

717.【执行机构负责执行的事项】

本规范所称刑事裁判涉财产部分的执行，是指发生法律效力的刑事裁判主文确定的下列事项的执行：

（一）罚金、没收财产；

（二）责令退赔；

（三）处置随案移送的赃款赃物；

（四）没收随案移送的供犯罪所用本人财物；

（五）其他应当由人民法院执行的相关事项。

刑事附带民事裁判的执行，适用民事执行的有关规定。①

718.【管辖和委托执行】

刑事裁判涉财产部分，由第一审人民法院执行。第一审人民法院可以委托财产所在地的同级人民法院执行。②

受托法院在执行财产刑后，应当及时将执行的财产上缴国库。③

719.【执行期限】

人民法院办理刑事裁判涉财产部分执行案件的期限为六个月。有特殊情况需要延长的，经本院院长批准，可以延长。④

720.【审判期间财产的调查与控制】

人民法院刑事审判中可能判处被告人财产刑、责令退赔的，刑事审判部门应当依法对被告人的财产状况进行调查；发现可能隐匿、转移财产的，应当及时查封、扣押、冻结其相应财产。⑤

---

① 参照《最高人民法院关于刑事裁判涉财产部分执行的若干规定》（法释〔2014〕13号）第一条。

② 《最高人民法院关于刑事裁判涉财产部分执行的若干规定》（法释〔2014〕13号）第二条。

③ 《最高人民法院关于适用〈中华人民共和国刑事诉讼法〉的解释》（法释〔2012〕21号）第四百四十二条第二款。

④ 《最高人民法院关于刑事裁判涉财产部分执行的若干规定》（法释〔2014〕13号）第三条。

⑤ 《最高人民法院关于刑事裁判涉财产部分执行的若干规定》（法释〔2014〕13号）第四条。

721.【不同机关对同案查封效力的衔接】

刑事审判或者执行中，对于侦查机关已经采取的查封、扣押、冻结，人民法院应当在期限届满前及时续行查封、扣押、冻结。人民法院续行查封、扣押、冻结的顺位与侦查机关查封、扣押、冻结的顺位相同。

对侦查机关查封、扣押、冻结的财产，人民法院执行中可以直接裁定处置，无需侦查机关出具解除手续，但裁定中应当指明侦查机关查封、扣押、冻结的事实。①

722.【裁判内容的明确、具体要求】

刑事裁判涉财产部分的裁判内容，应当明确、具体。涉案财物或者被害人人数较多，不宜在判决主文中详细列明的，可以概括叙明并另附清单。

判处没收部分财产的，应当明确没收的具体财物或者金额。

判处追缴或者责令退赔的，应当明确追缴或者退赔的金额或财物的名称、数量等相关情况。②

723.【移送执行及立案审查】

由人民法院执行机构负责执行的刑事裁判涉财产部分，刑事审判部门应当及时移送立案部门审查立案。移送立案应当提交生效裁判文书及其附件和其他相关材料，并填写《移送执行表》，《移送执行表》应当载明以下内容：

（一）被执行人、被害人的基本信息；

（二）已查明的财产状况或者财产线索；

（三）随案移送的财产和已经处置财产的情况；

（四）查封、扣押、冻结财产的情况；

（五）移送执行的时间；

（六）其他需要说明的情况。

人民法院立案部门经审查，认为属于移送范围且移送材料齐全的，应当在七日内立案，并移送执行机构。③

---

①《最高人民法院关于刑事裁判涉财产部分执行的若干规定》（法释〔2014〕13号）第五条。

②《最高人民法院关于刑事裁判涉财产部分执行的若干规定》（法释〔2014〕13号）第六条。

③《最高人民法院关于刑事裁判涉财产部分执行的若干规定》（法释〔2014〕13号）第七条。

724.【刑法执行机关、社区矫正机构等单位的协助执行】

人民法院可以向刑罚执行机关、社区矫正机构等有关单位调查被执行人的财产状况，并可以根据不同情形要求有关单位协助采取查封、扣押、冻结、划拨等执行措施。①

725.【没收财产的执行原则】

判处没收财产的，应当执行刑事裁判生效时被执行人合法所有的财产。

执行没收财产或罚金刑，应当参照被扶养人住所地政府公布的上年度当地居民最低生活费标准，保留被执行人及其所扶养家属的生活必需费用。②

726.【赃款赃物、收益及转化物的追缴】

对赃款赃物及其收益，人民法院应当一并追缴。

被执行人将赃款赃物投资或者置业，对因此形成的财产及其收益，人民法院应予追缴。

被执行人将赃款赃物与其他合法财产共同投资或者置业，对因此形成的财产中与赃款赃物对应的份额及其收益，人民法院应予追缴。

对于被害人的损失，应当按照刑事裁判认定的实际损失予以发还或者赔偿。③

727.【涉第三人赃款赃物的认定和追缴】

被执行人将刑事裁判认定为赃款赃物的涉案财物用于清偿债务、转让或者设置其他权利负担，具有下列情形之一的，人民法院应予追缴：

（一）第三人明知是涉案财物而接受的；

（二）第三人无偿或者以明显低于市场的价格取得涉案财物的；

（三）第三人通过非法债务清偿或者违法犯罪活动取得涉案财物的；

（四）第三人通过其他恶意方式取得涉案财物的。

第三人善意取得涉案财物的，执行程序中不予追缴。作为原所有人的被害

---

① 《最高人民法院关于刑事裁判涉财产部分执行的若干规定》（法释〔2014〕13号）第八条。

② 《最高人民法院关于刑事裁判涉财产部分执行的若干规定》（法释〔2014〕13号）第九条。

③ 《最高人民法院关于刑事裁判涉财产部分执行的若干规定》（法释〔2014〕13号）第十条。

人对该涉案财物主张权利的，人民法院应当告知其通过诉讼程序处理。①

728.【财产变价的特殊程序】

被执行财产需要变价的，执行机构应当依法采取拍卖、变卖等变价措施。

涉案财物最后一次拍卖未能成交，需要上缴国库的，人民法院应当通知有关财政机关以该次拍卖保留价予以接收；有关财政机关要求继续变价的，可以进行无保留价拍卖。需要退赔被害人的，以该次拍卖保留价以物退赔；被害人不同意以物退赔的，可以进行无保留价拍卖。②

729.【多项清偿义务时的清偿原则】

被执行人在执行中同时承担刑事责任、民事责任，其财产不足以支付的，按照下列顺序执行：

（一）人身损害赔偿中的医疗费用；

（二）退赔被害人的损失；

（三）其他民事债务；

（四）罚金；

（五）没收财产。

债权人对执行标的依法享有优先受偿权，其主张优先受偿的，人民法院应当在前款第（一）项规定的医疗费用受偿后，予以支持。③

730.【案外人异议的特殊审查程序】

执行过程中，当事人、利害关系人认为执行行为违反法律规定，或者案外人对执行标的主张足以阻止执行的实体权利，向执行法院提出书面异议的，执行法院应当依照民事诉讼法第二百二十五条的规定处理。

人民法院审查案外人异议、复议，应当公开听证。④

731.【赃款赃物认定异议的审查】

执行过程中，案外人或被害人认为刑事裁判中对涉案财物是否属于赃款赃

① 《最高人民法院关于刑事裁判涉财产部分执行的若干规定》（法释〔2014〕13号）第十一条。

② 《最高人民法院关于刑事裁判涉财产部分执行的若干规定》（法释〔2014〕13号）第十二条。

③ 《最高人民法院关于刑事裁判涉财产部分执行的若干规定》（法释〔2014〕13号）第十三条。

④ 《最高人民法院关于刑事裁判涉财产部分执行的若干规定》（法释〔2014〕13号）第十四条。

物认定错误或者应予认定而未认定，向执行法院提出书面异议，可以通过裁定补正的，执行机构应当将异议材料移送刑事审判部门处理；无法通过裁定补正的，应当告知异议人通过审判监督程序处理。①

732.【财产刑的执行中止】

执行财产刑过程中，具有下列情形之一的，人民法院应当裁定中止执行：

（一）执行标的物系人民法院或者仲裁机构正在审理案件的争议标的物，需等待该案件审理完毕确定权属的；

（二）案外人对执行标的物提出异议的；

（三）应当中止执行的其他情形。

中止执行的原因消除后，应当恢复执行。②

733.【财产刑的终结执行】

执行财产刑过程中，具有下列情形之一的，人民法院应当裁定终结执行：

（一）据以执行的判决、裁定被撤销的；

（二）被执行人死亡或者被执行死刑，且无财产可供执行的；

（三）被判处罚金的单位终止，且无财产可供执行的；

（四）依照刑法第五十三条③规定免除罚金的；

（五）应当终结执行的其他情形。

裁定终结执行后，发现被执行人的财产有被隐匿、转移等情形的，应当追缴。④

734.【协作机制】

有需要时，执行法院可以要求负责办理减刑、假释案件的人民法院协助执

① 《最高人民法院关于刑事裁判涉财产部分执行的若干规定》（法释〔2014〕13号）第十五条。

② 《最高人民法院关于适用〈中华人民共和国刑事诉讼法〉的解释》（法释〔2012〕21号）第四百四十三条。

③ 《中华人民共和国刑法》（2015年8月29日修改）第五十三条规定："罚金在判决指定的期限内一次或者分期缴纳。期满不缴纳的，强制缴纳。对于不能全部缴纳罚金的，人民法院在任何时候发现被执行人有可以执行的财产，应当随时追缴。由于遭遇不能抗拒的灾祸等原因缴纳确实有困难的，经人民法院裁定，可以延期缴纳、酌情减少或者免除。"

④ 《最高人民法院关于适用〈中华人民共和国刑事诉讼法〉的解释》（法释〔2012〕21号）第四百四十四条。

行生效裁判中的财产性判项[1]。[2]

执行法院在执行继续追缴或者责令退赔的事项中，可以要求人民检察院、公安机关、国家安全机关、司法行政机关等予以配合。[3]

735.【财产刑执行回转】

财产刑全部或者部分被撤销的，已经执行的财产应当全部或者部分返还被执行人；无法返还的，应当依法赔偿[4]。[5]

736.【法律适用】

人民法院办理刑事裁判涉财产部分执行案件，刑法、刑事诉讼法及有关司法解释没有相应规定的，参照适用民事执行的有关规定。[6]

第六节 行政案件的执行

737.【执行前保全】

行政机关或者具体行政行为确定的权利人申请人民法院强制执行前，有充分理由认为被执行人可能逃避执行的，可以申请人民法院采取财产保全措施。后者申请强制执行的，应当提供相应的财产担保。[7] 一、对行政判决书、行政裁定书、行政赔偿判决书、行政赔偿调解书的执行

738.【一般规定】

对发生法律效力的行政判决书、行政裁定书、行政赔偿判决书和行政赔偿调解书，负有义务的一方当事人拒绝履行的，对方当事人可以依法申请人民法

---

① 该条所称的“财产性判项”是指判决罪犯承担的附带民事赔偿义务判项，以及追缴、责令退赔、罚金、没收财产等判项。参照《最高人民法院关于办理减刑、假释案件具体应用法律的规定》（法释〔2016〕23号）第四十一条。

② 参照《最高人民法院关于办理减刑、假释案件具体应用法律的规定》（法释〔2016〕23号）第三十八条第三款。

③ 参照《中共中央办公厅国务院办公厅印发〈关于进一步规范刑事诉讼涉案财物处置工作的意见〉的通知》（中办发〔2015〕7号）第九条。

④ 赔偿要依照国家赔偿的相关规定办理。

⑤《最高人民法院关于适用〈中华人民共和国刑事诉讼法〉的解释》（法释〔2012〕21号）第四百四十五条。

⑥《最高人民法院关于刑事裁判涉财产部分执行的若干规定》（法释〔2014〕13号）第十六条。

⑦《最高人民法院关于执行〈中华人民共和国行政诉讼法〉若干问题的解释》（法释〔2000〕8号）第九十二条。

院强制执行。①

739.【管辖】

发生法律效力的行政判决书、行政裁定书、行政赔偿判决书和行政赔偿调解书，由第一审人民法院执行。

第一审人民法院认为情况特殊需要由第二审人民法院执行的，可以报请第二审人民法院执行；第二审人民法院可以决定由其执行，也可以决定由第一审人民法院执行。②

740.【特别执行措施】

行政机关拒绝履行判决、裁定、调解书的，第一审人民法院可以采取下列措施：

（一）对应当归还的罚款或者应当给付的款额，通知银行从该行政机关的账户内划拨；

（二）在规定期限内不履行的，从期满之日起，对该行政机关负责人按日处五十元至一百元的罚款；

（三）将行政机关拒绝履行的情况予以公告；

（四）向监察机关或者该行政机关的上一级行政机关提出司法建议。接受司法建议的机关，根据有关规定进行处理，并将处理情况告知人民法院；

（五）拒不履行判决、裁定、调解书，社会影响恶劣的，可以对该行政机关直接负责的主管人员和其他直接责任人员予以拘留；情节严重，构成犯罪的，依法追究刑事责任。③

二、对行政机关作出的行政决定的执行

741.【申请执行时效】

当事人在法定期限内不申请行政复议或者提起行政诉讼，又不履行行政决定的，没有行政强制执行权的行政机关可以自期限届满之日起三个月内，依照行政强制法第五章规定申请人民法院强制执行。④

---

① 参照《最高人民法院关于执行〈中华人民共和国行政诉讼法〉若干问题的解释》（法释〔2000〕8号）第八十三条。

② 《最高人民法院关于执行〈中华人民共和国行政诉讼法〉若干问题的解释》（法释〔2000〕8号）第八十五条。

③ 《中华人民共和国行政诉讼法》（2014年11月1日修正）第九十六条。

④ 《中华人民共和国行政强制法》（2011年6月30日）第五十三条。

742. 【申请执行前置条件及地域管辖原则】

行政机关申请人民法院强制执行前，应当催告当事人履行义务。催告书送达十日[①]后当事人仍未履行义务的，行政机关可以向所在地有管辖权的人民法院申请强制执行；执行对象是不动产的，向不动产所在地有管辖权的人民法院申请强制执行。[②]

743. 【省部级行政机关决定的执行管辖】

国务院各部门、各省、自治区、直辖市人民政府和海关依照法律、法规作出的处理决定和处罚决定，由被执行人住所地或财产所在地的中级人民法院执行。[③]

744. 【专利管理机关决定的执行管辖】

专利管理机关依法作出的处理决定和处罚决定，由被执行人住所地或财产所在地的省、自治区、直辖市有权受理专利纠纷案件的中级人民法院执行。[④]

745. 【申请资料】

行政机关向人民法院申请强制执行，应当提供下列材料：

（一）强制执行申请书；

（二）行政决定书及作出决定的事实、理由和依据；

（三）当事人的意见及行政机关催告情况；

（四）申请强制执行标的情况；

（五）法律、行政法规规定的其他材料。

强制执行申请书应当由行政机关负责人签名，加盖行政机关的印章，并注明日期。[⑤]

---

① 《中华人民共和国行政强制法》（2011 年 6 月 30 日）第六十九条规定："本法中十日以内期限的规定是指工作日，不含法定节假日。"据此，本条中"十日"为"十个工作日"。

② 《中华人民共和国行政强制法》（2011 年 6 月 30 日）第五十四条。

③ 《最高人民法院关于人民法院执行工作若干问题的规定（试行）》（法释〔1998〕15 号）第 14 条。

④ 《最高人民法院关于人民法院执行工作若干问题的规定（试行）》（法释〔1998〕15 号）第 13 条。

⑤ 《中华人民共和国行政强制法》（2011 年 6 月 30 日）第五十五条。

746.【受理时限及救济程序】

人民法院接到行政机关强制执行的申请，应当在五日①内受理。

行政机关对人民法院不予受理的裁定有异议的，可以在十五日内向上一级人民法院申请复议，上一级人民法院应当自收到复议申请之日起十五日内作出是否受理的裁定。②

747.【处理时限】

人民法院对行政机关强制执行的申请进行书面审查，对符合本规范第745条规定，且行政决定具备法定执行效力的，除本规范第749条规定的情形外，人民法院应当自受理之日起七日内作出执行裁定。③

748.【不予执行的情形】

被申请执行的具体行政行为有下列情形之一的，人民法院应当裁定不准予执行：

（一）明显缺乏事实根据的；

（二）明显缺乏法律依据的；

（三）其他明显违法并损害被执行人合法权益的。④

749.【不予执行的条件及救济程序】

人民法院发现有下列情形之一的，在作出裁定前可以听取被执行人和行政机关的意见：

（一）明显缺乏事实根据的；

（二）明显缺乏法律、法规依据的；

（三）其他明显违法并损害被执行人合法权益的。

人民法院应当自受理之日起三十日内作出是否执行的裁定。裁定不予执行的，应当说明理由，并在五日⑤内将不予执行的裁定送达行政机关。

行政机关对人民法院不予执行的裁定有异议的，可以自收到裁定之日起十

---

① 《中华人民共和国行政强制法》（2011年6月30日）第六十九条规定：“本法中十日以内期限的规定是指工作日，不含法定节假日。”据此，本条中“五日”为“五个工作日”。

② 《中华人民共和国行政强制法》（2011年6月30日）第五十六条。

③ 参照《中华人民共和国行政强制法》（2011年6月30日）第五十七条。

④ 《最高人民法院关于执行〈中华人民共和国行政诉讼法〉若干问题的解释》（法释〔2000〕8号）第九十五条。

⑤ 《中华人民共和国行政强制法》（2011年6月30日）第六十九条规定：“本法中十日以内期限的规定是指工作日，不含法定节假日。”据此，本条中的“五日”为“五个工作日”。

五日内向上一级人民法院申请复议，上一级人民法院应当自收到复议申请之日起三十日内作出是否执行的裁定。①

750.【涉公共安全的特殊启动执行程序】

因情况紧急，为保障公共安全，行政机关可以申请人民法院立即执行。经人民法院院长批准，人民法院应当自作出执行裁定之日起五日②内执行。③

751.【费用承担】

行政机关申请人民法院强制执行，不缴纳申请费。强制执行的费用由被执行人承担。④

752.【不直接变更被执行人】

人民法院在办理行政机关申请人民法院强制执行其具体行政行为的案件过程中，作为被执行人的法人出现分立、合并、兼并、合营等情况，原具体行政行为仍应执行的，人民法院应当通知申请机关变更被执行人。对变更后的被执行人，人民法院应当依法进行审查。⑤

753.【违法建筑拆除决定的不予受理】

对行政机关涉及违反城乡规划法的违法建筑物、构筑物、设施等的强制拆除决定，人民法院不予受理行政机关对其提出非诉行政执行申请。⑥

754.【国有土地上房屋征收决定的管辖】

申请人民法院强制执行征收补偿决定案件，由房屋所在地基层人民法院管

---

① 《中华人民共和国行政强制法》（2011 年 6 月 30 日）第五十八条。

② 《中华人民共和国行政强制法》（2011 年 6 月 30 日）第六十九条规定："本法中十日以内期限的规定是指工作日，不含法定节假日。"据此，本条中的"五日"为"五个工作日"。

③ 《中华人民共和国行政强制法》（2011 年 6 月 30 日）第五十九条。

④ 《中华人民共和国行政强制法》（2011 年 6 月 30 日）第六十条第一款。

⑤ 《最高人民法院对关于非诉执行案件中作为被执行人的法人终止，人民法院是否可以直接裁定变更被执行人的请示的答复》（法行〔2000〕16 号）。答复的主要内容为："山东省高级人民法院：你院鲁高法函〔1999〕62 号《关于非诉执行案件中作为被执行人的法人终止，人民法院是否可以直接裁定变更被执行人的请示》收悉。经研究，答复如下：人民法院在办理行政机关申请人民法院强制执行其具体行政行为的案件过程中，作为被执行人的法人出现分立、合并、兼并、合营等情况，原具体行政行为仍应执行的，人民法院应当通知申请机关变更被执行人。对变更后的被执行人，人民法院应当依法进行审查。"

⑥ 《最高人民法院关于违法的建筑物、构筑物、设施等强制拆除问题的批复》（法释〔2013〕5 号）。批复的主要内容为："北京市高级人民法院：根据行政强制法和城乡规划法有关规定精神，对涉及违反城乡规划法的违法建筑物、构筑物、设施等的强制拆除，法律已经授予行政机关强制执行权，人民法院不受理行政机关提出的非诉行政执行申请。"

辖，高级人民法院可以根据本地实际情况决定管辖法院。[1]

755.【征收决定的申请】

申请机关向人民法院申请强制执行，除提供《国有土地上房屋征收与补偿条例》第二十八条[2]规定的强制执行申请书及附具材料外，还应当提供下列材料：

（一）征收补偿决定及相关证据和所依据的规范性文件；

（二）征收补偿决定送达凭证、催告情况及房屋被征收人、直接利害关系人的意见；

（三）社会稳定风险评估材料；

（四）申请强制执行的房屋状况；

（五）被执行人的姓名或者名称、住址及与强制执行相关的财产状况等具体情况；

（六）法律、行政法规规定应当提交的其他材料。

强制执行申请书应当由申请机关负责人签名，加盖申请机关印章，并注明日期。

强制执行的申请应当自被执行人的法定起诉期限届满之日起三个月内提出；逾期申请的，除有正当理由外，人民法院不予受理。[3]

756.【征收决定执行申请的受理及救济】

人民法院认为强制执行的申请符合形式要件且材料齐全的，应当在接到申请后五日内立案受理，并通知申请机关；不符合形式要件或者材料不全的应当限期补正，并在最终补正的材料提供后五日内立案受理；不符合形式要件或者逾期无正当理由不补正材料的，裁定不予受理。

申请机关对不予受理的裁定有异议的，可以自收到裁定之日起十五日内向上一级人民法院申请复议，上一级人民法院应当自收到复议申请之日起十五日

---

① 《最高人民法院关于办理申请人民法院强制执行国有土地上房屋征收补偿决定案件若干问题的规定》（法释〔2012〕4号）第一条。

② 《国有土地上房屋征收与补偿条例》（国务院令第590号）第二十八条规定："被征收人在法定期限内不申请行政复议或者不提起行政诉讼，在补偿决定规定的期限内又不搬迁的，由作出房屋征收决定的市、县级人民政府依法申请人民法院强制执行。强制执行申请书应当附具补偿金额和专户存储账号、产权调换房屋和周转用房的地点和面积等材料。"

③ 参照《最高人民法院关于办理申请人民法院强制执行国有土地上房屋征收补偿决定案件若干问题的规定》（法释〔2012〕4号）第二条。

内作出裁定。① 757.【征收决定执行申请的审查】

人民法院应当自立案之日起三十日内作出是否准予执行的裁定；有特殊情况需要延长审查期限的，由高级人民法院批准。②

人民法院在审查期间，可以根据需要调取相关证据、询问当事人、组织听证或者进行现场调查。③

758.【征收决定不准予执行的情形】

征收补偿决定存在下列情形之一的，人民法院应当裁定不准予执行：

（一）明显缺乏事实根据；

（二）明显缺乏法律、法规依据；

（三）明显不符合公平补偿原则，严重损害被执行人合法权益，或者使被执行人基本生活、生产经营条件没有保障；

（四）明显违反行政目的，严重损害公共利益；

（五）严重违反法定程序或者正当程序；

（六）超越职权；

（七）法律、法规、规章等规定的其他不宜强制执行的情形。

人民法院裁定不准予执行的，应当说明理由，并在五日内将裁定送达申请机关。④

759.【准予执行裁定的送达】

人民法院裁定准予执行的，应当在五日内将裁定送达申请机关和被执行人，并可以根据实际情况建议申请机关依法采取必要措施，保障征收与补偿活动顺利实施。⑤

---

① 《最高人民法院关于办理申请人民法院强制执行国有土地上房屋征收补偿决定案件若干问题的规定》（法释〔2012〕4号）第三条。

② 《最高人民法院关于办理申请人民法院强制执行国有土地上房屋征收补偿决定案件若干问题的规定》（法释〔2012〕4号）第四条。

③ 《最高人民法院关于办理申请人民法院强制执行国有土地上房屋征收补偿决定案件若干问题的规定》（法释〔2012〕4号）第五条。

④ 《最高人民法院关于办理申请人民法院强制执行国有土地上房屋征收补偿决定案件若干问题的规定》（法释〔2012〕4号）第六条。

⑤ 《最高人民法院关于办理申请人民法院强制执行国有土地上房屋征收补偿决定案件若干问题的规定》（法释〔2012〕4号）第八条。

760.【实施机关】

人民法院裁定准予执行的，一般由作出征收补偿决定的市、县级人民政府组织实施，也可以由人民法院执行。①

凡由人民法院强制执行的，须报经上一级人民法院审查批准方可采取强制手段。②

761.【适用规定】

《国有土地上房屋征收与补偿条例》施行前已依法取得房屋拆迁许可证的项目，人民法院裁定准予执行房屋拆迁裁决的，参照本规范第760条第一款精神办理。③

762.【民事争议行政裁决的执行】

行政机关根据法律的授权对平等主体之间民事争议作出裁决后，当事人在法定期限内不起诉又不履行，作出裁决的行政机关在申请执行的期限内未申请人民法院强制执行的，生效具体行政行为确定的权利人或者其继承人、权利承受人在九十日内可以申请人民法院强制执行。

享有权利的公民、法人或者其他组织申请人民法院强制执行具体行政行为，参照行政机关申请人民法院强制执行具体行政行为的规定。④

第七节　涉外案件的执行

一、对我国法院作出的涉外判决、裁定的执行

763.【国外执行的途径】

人民法院作出的发生法律效力的判决、裁定，如果被执行人或者其财产不在中华人民共和国领域内，当事人请求执行的，可以由当事人直接向有管辖权的外国法院申请承认和执行，也可以由人民法院依照中华人民共和国缔结或者

---

① 《最高人民法院关于办理申请人民法院强制执行国有土地上房屋征收补偿决定案件若干问题的规定》(法释〔2012〕4号) 第九条。

② 参照《最高人民法院关于在征收拆迁案件中进一步严格规范司法行为积极推进“裁执分离”的通知》(法〔2014〕191号) 第四条。

③ 参照《最高人民法院关于办理申请人民法院强制执行国有土地上房屋征收补偿决定案件若干问题的规定》(法释〔2012〕4号) 第十条。

④ 《最高人民法院关于执行〈中华人民共和国行政诉讼法〉若干问题的解释》(法释〔2000〕8号) 第九十条。

参加的国际条约的规定，或者按照互惠原则，请求外国法院承认和执行。①

764.【判决、裁定法律效力的证明】

当事人在中华人民共和国领域外使用中华人民共和国法院的判决书、裁定书，要求中华人民共和国法院证明其法律效力的，或者外国法院要求中华人民共和国法院证明判决书、裁定书的法律效力的，作出判决、裁定的中华人民共和国法院，可以本法院的名义出具证明。②

二、对我国仲裁机构作出的涉外裁决的执行③

765.【保全的管辖】

当事人申请采取保全的，中华人民共和国的涉外仲裁机构应当将当事人的申请，提交被申请人住所地或者财产所在地的中级人民法院裁定。④

766.【保全的担保】

依照本规范第765条规定，中华人民共和国涉外仲裁机构将当事人的保全申请提交人民法院裁定的，人民法院可以进行审查，裁定是否进行保全。裁定保全的，应当责令申请人提供担保，申请人不提供担保的，裁定驳回申请。

当事人申请证据保全，人民法院经审查认为无需提供担保的，申请人可以不提供担保。⑤

767.【申请执行涉外裁决的材料】

申请人向人民法院申请执行中华人民共和国涉外仲裁机构的裁决，应当提出书面申请，并附裁决书正本。如申请人为外国当事人，其申请书应当用中文文本提出。⑥

768.【涉外仲裁裁决的管辖】

经中华人民共和国涉外仲裁机构裁决的，当事人不得向人民法院起诉。一

① 《中华人民共和国民事诉讼法》（2012年8月31日第二次修正）第二百八十条第一款。

② 《最高人民法院关于适用〈中华人民共和国民事诉讼法〉的解释》（法释〔2015〕5号）第五百五十条。

③ 中华人民共和国仲裁机构作出的具有涉外因素的裁决，适用本节规定；不具有涉外因素的裁决，不适用本节规定。

④ 《中华人民共和国民事诉讼法》（2012年8月31日第二次修正）第二百七十二条。

⑤ 参照《最高人民法院关于适用〈中华人民共和国民事诉讼法〉的解释》（法释〔2015〕5号）第五百四十二条。

⑥ 《最高人民法院关于适用〈中华人民共和国民事诉讼法〉的解释》（法释〔2015〕5号）第五百四十条。

方当事人不履行仲裁裁决的，对方当事人可以向被申请人住所地或者财产所在地的中级人民法院申请执行。①

769.【向外国法院申请承认和执行】

中华人民共和国涉外仲裁机构作出的发生法律效力的仲裁裁决，当事人请求执行的，如果被执行人或者其财产不在中华人民共和国领域内，应当由当事人直接向有管辖权的外国法院申请承认和执行。②

770.【申请不予执行涉外仲裁裁决案件的处理】

对中华人民共和国涉外仲裁机构作出的裁决③，被申请人提出证据证明仲裁裁决有下列情形之一的，经人民法院组成合议庭审查核实，裁定不予执行：

（一）当事人在合同中没有订有仲裁条款或者事后没有达成书面仲裁协议的；

（二）被申请人没有得到指定仲裁员或者进行仲裁程序的通知，或者由于其他不属于被申请人负责的原因未能陈述意见的；

（三）仲裁庭的组成或者仲裁的程序与仲裁规则不符的；

（四）裁决的事项不属于仲裁协议的范围或者仲裁机构无权仲裁的。

经审查不符合前款规定情形的，裁定驳回不予执行仲裁裁决申请。

人民法院认定执行该裁决违背社会公共利益的，裁定不予执行。④

执行法院拟裁定不予执行的，应当按照《最高人民法院关于人民法院处

① 《中华人民共和国民事诉讼法》（2012年8月31日第二次修正）第二百七十三条。

② 《中华人民共和国民事诉讼法》（2012年8月31日第二次修正）第二百八十条第二款。

③ 中华人民共和国仲裁机构作出的具有涉外因素的裁决，适用本条审查；不具有涉外因素的裁决，适用本规范第950条审查。

④ 参照《中华人民共和国民事诉讼法》（2012年8月31日第二次修正）第二百七十四条。

理与涉外仲裁及外国仲裁事项有关问题的通知》的规定办理①。

771.【涉外仲裁裁决不予执行后的救济途径】

人民法院裁定不予执行涉外仲裁裁决、驳回不予执行涉外仲裁裁决申请后，当事人对该裁定提出执行异议或者复议的，人民法院不予受理。

涉外仲裁裁决被人民法院裁定不予执行的，当事人可以根据双方达成的书面仲裁协议重新申请仲裁，也可以向人民法院起诉。②

三、对外国法院作出的判决、裁定的执行

772.【承认和执行的途径】

外国法院作出的发生法律效力的判决、裁定，需要中华人民共和国人民法院承认和执行的，可以由当事人直接向中华人民共和国有管辖权的中级人民法院申请承认和执行，也可以由外国法院依照该国与中华人民共和国缔结或者参加的国际条约的规定，或者按照互惠原则，请求人民法院承认和执行。③

773.【承认和执行的审查原则】

人民法院对申请或者请求承认和执行的外国法院作出的发生法律效力的判决、裁定，依照中华人民共和国缔结或者参加的国际条约，或者按照互惠原则进行审查后，认为不违反中华人民共和国法律的基本原则或者国家主权、安全、社会公共利益的，裁定承认其效力，需要执行的，发出执行令，依照民事

---

① 《最高人民法院关于人民法院处理与涉外仲裁及外国仲裁事项有关问题的通知》（法〔1995〕18号）第二条。通知的主要内容为："各省、自治区、直辖市高级人民法院，解放军军事法院：为严格执行《中华人民共和国民事诉讼法》以及我国参加的有关国际公约的规定，保障诉讼和仲裁活动依法进行，现决定对人民法院受理具有仲裁协议的涉外经济纠纷案、不予执行涉外仲裁裁决以及拒绝承认和执行外国仲裁裁决等问题建立报告制度。为此，特作如下通知：一、凡起诉到人民法院的涉外、涉港澳和涉台经济、海事海商纠纷案件，如果当事人在合同中订有仲裁条款或者事后达成仲裁协议，人民法院认为该仲裁条款或者仲裁协议无效、失效或者内容不明确无法执行的，在决定受理一方当事人起诉之前，必须报请本辖区所属高级人民法院进行审查；如果高级人民法院同意受理，应将其审查意见报最高人民法院。在最高人民法院未作答复前，可暂不予受理。二、凡一方当事人向人民法院申请执行我国涉外仲裁机构裁决，或者向人民法院申请承认和执行外国仲裁机构的裁决，如果人民法院认为我国涉外仲裁机构裁决具有民事诉讼法第二百六十条情形之一的，或者申请承认和执行的外国仲裁裁决不符合我国参加的国际公约的规定或者不符合互惠原则的，在裁定不予执行或者拒绝承认和执行之前，必须报请本辖区所属高级人民法院进行审查；如果高级人民法院同意不予执行或者拒绝承认和执行，应将其审查意见报最高人民法院。待最高人民法院答复后，方可裁定不予执行或者拒绝承认和执行。"

② 参照《中华人民共和国民事诉讼法》（2012年8月31日第二次修正）第二百七十五条，《中华人民共和国仲裁法》（2009年8月27日修正）第九条第二款。

③ 《中华人民共和国民事诉讼法》（2012年8月31日第二次修正）第二百八十一条。

诉讼法的有关规定执行。违反中华人民共和国法律的基本原则或者国家主权、安全、社会公共利益的，不予承认和执行。①

774.【国际间平行诉讼】

中华人民共和国法院和外国法院都有管辖权的案件，一方当事人向外国法院起诉，而另一方当事人向中华人民共和国法院起诉的，人民法院可予受理。判决后，外国法院申请或者当事人请求人民法院承认和执行外国法院对本案作出的判决、裁定的，不予准许；但双方共同缔结或者参加的国际条约另有规定的除外。

外国法院判决、裁定已经被人民法院承认，当事人就同一争议向人民法院起诉的，人民法院不予受理。②

775.【先承认后执行】

对外国法院作出的发生法律效力的判决、裁定或者外国仲裁裁决，需要中华人民共和国法院执行的，当事人应当先向人民法院申请承认。人民法院经审查，裁定承认后，再根据民事诉讼法第三编的规定予以执行。

当事人仅申请承认而未同时申请执行的，人民法院仅对应否承认进行审查并作出裁定。③

776.【申请承认和执行的期间】

当事人申请承认和执行外国法院作出的发生法律效力的判决、裁定的期间，适用本规范第22条第一款、第二款的规定。

当事人仅申请承认而未同时申请执行的，申请执行的期间自人民法院对承认申请作出的裁定生效之日起重新计算。④

777.【申请的材料】

申请人向人民法院申请承认和执行外国法院作出的发生法律效力的判决、裁定，应当提交申请书，并附外国法院作出的发生法律效力的判决、裁定正本

① 《中华人民共和国民事诉讼法》（2012年8月31日第二次修正）第二百八十二条。

② 《最高人民法院关于适用〈中华人民共和国民事诉讼法〉的解释》（法释〔2015〕5号）第五百三十三条。

③ 《最高人民法院关于适用〈中华人民共和国民事诉讼法〉的解释》（法释〔2015〕5号）第五百四十六条。

④ 参照《最高人民法院关于适用〈中华人民共和国民事诉讼法〉的解释》（法释〔2015〕5号）第五百四十七条。

或者经证明无误的副本以及中文译本。外国法院判决、裁定为缺席判决、裁定的，申请人应当同时提交该外国法院已经合法传唤的证明文件，但判决、裁定已经对此予以明确说明的除外。

中华人民共和国缔结或者参加的国际条约对提交文件有规定的，按照规定办理。①

778.【语言要求及翻译机构的确定】

当事人向人民法院提交的书面材料是外文的，应当同时向人民法院提交中文翻译件。

当事人对中文翻译件有异议的，应当共同委托翻译机构提供翻译文本；当事人对翻译机构的选择不能达成一致的，由人民法院确定。②

779.【对外国法院作出判决、裁定的审查程序】

承认和执行外国法院作出的发生法律效力的判决、裁定的案件，人民法院应当组成合议庭进行审查。

人民法院应当将申请书送达被申请人。被申请人可以陈述意见。

人民法院经审查作出的裁定，一经送达即发生法律效力。③

780.【无条约和互惠关系国裁判的承认和执行申请】

当事人向中华人民共和国有管辖权的中级人民法院申请承认和执行外国法院作出的发生法律效力的判决、裁定的，如果该法院所在国与中华人民共和国没有缔结或者共同参加国际条约，也没有互惠关系的，裁定驳回申请，但当事人向人民法院申请承认外国法院作出的发生法律效力的离婚判决的除外。

承认和执行申请被裁定驳回的，当事人可以向人民法院起诉。④

---

① 《最高人民法院关于适用〈中华人民共和国民事诉讼法〉的解释》（法释〔2015〕5号）第五百四十三条。

② 《最高人民法院关于适用〈中华人民共和国民事诉讼法〉的解释》（法释〔2015〕5号）第五百二十七条。

③ 参照《最高人民法院关于适用〈中华人民共和国民事诉讼法〉的解释》（法释〔2015〕5号）第五百四十八条。

④ 《最高人民法院关于适用〈中华人民共和国民事诉讼法〉的解释》（法释〔2015〕5号）第五百四十四条。

［部门规章、规章性文件与解读］

基层法律服务所管理办法

（2000年3月30日司法部令第59号公布　根据
2017年12月25日司法部令第137号修订
自2018年2月1日起施行）

第一章　总　则

第一条　为加强对基层法律服务所的监督和管理，保障基层法律服务所依法执业，根据有关法律法规，结合基层法律服务工作实际和发展需要，制定本办法。

第二条　基层法律服务所是在乡镇和街道设立的法律服务组织，是基层法律服务工作者的执业机构。

第三条　基层法律服务所按照司法部规定的业务范围和执业要求，面向基层的政府机关、基层群众性自治组织、企业事业单位、社会组织和承包经营户、个体工商户、合伙组织以及公民提供法律服务，维护当事人合法权益，维护法律正确实施，促进社会稳定、经济发展和法治建设。

第四条　基层法律服务所依法执业受法律保护，任何组织和个人不得侵害其合法权益。

第五条　基层法律服务所应当把拥护中国共产党领导、拥护社会主义法治作为从业的基本要求。

第六条　司法行政机关依据本办法对基层法律服务所进行管理和指导。

第二章　执业管理

第七条　基层法律服务所应当有规范的名称和章程；有三名以上符合司法部规定条件、能够专职执业的基层法律服务工作者；有住所和必要的资产。

事业体制基层法律服务所除应当符合第一款规定外，还应当持有事业单位登记管理机关颁发的《事业单位法人证书》。

普通合伙制基层法律服务所除应当符合第一款规定外，还应当至少有两名具有三年以上执业经历、能够专职执业的基层法律服务工作者作为合伙人，并有经全体合伙人协商一致并签名的合伙协议。

基层法律服务所的人员、财务、职能应当与司法所分离。

第八条　基层法律服务所只能使用一个名称。名称应当由以下三部分内容依次排列组成：县级行政区划名称，乡镇、街道行政区划名称或者字号，法律服务所。

第九条　基层法律服务所章程应当载明下列事项：

（一）名称、住所；

（二）本所法定代表人或者负责人的职责；

（三）执业工作制度；

（四）基层法律服务工作者及辅助工作人员的聘用、管理办法；

（五）财务管理制度、分配制度；

（六）其他内部管理制度；

（七）停办、解散及清算办法；

（八）章程修改的程序；

（九）其他需要载明的事项。

第十条　基层法律服务所变更名称、法定代表人或者负责人、合伙人、住所和修改章程的，应当由所在地县级司法行政机关审查同意后报设区的市级司法行政机关批准，或者由直辖市的区（县）司法行政机关批准。

第十一条　基层法律服务所有下列情形之一的，应当终止：

（一）不符合本办法第七条规定的基层法律服务所应当具备的条件，经限期整改仍不符合相关规定的；

（二）停办或者决定解散的；

（三）法律、行政法规规定应当终止的其他情形。

基层法律服务所无正当理由停止业务活动满一年的，视为自行停办、解散，应当终止。

第十二条 基层法律服务所在终止事由发生后，应当向社会公告，按照有关规定进行清算，并不得受理新的业务。

基层法律服务所应当在清算结束后十五日内，经所在地县级司法行政机关审查后报设区的市级司法行政机关办理注销手续，或者由直辖市的区（县）司法行政机关办理注销手续。基层法律服务所拒不履行公告、清算义务的，可以由县级司法行政机关向社会公告后报设区的市级司法行政机关办理注销手续，或者由直辖市的区（县）司法行政机关向社会公告后办理注销手续。

第十三条 《基层法律服务所执业证》分正本和副本。正本应当悬挂于执业场所，副本用于接受查验。正本和副本具有同等的法律效力。执业证不得伪造、涂改、抵押、出租、出借。

第十四条 设区的市级或者直辖市的区（县）司法行政机关应当按年度将本地区基层法律服务所变更、注销的情况报省、自治区、直辖市司法行政机关备案。

第三章 工作制度

第十五条 基层法律服务所应当依据本办法建立健全各项管理制度，完善工作运行机制。

第十六条 基层法律服务所设主任一名，根据需要可以设副主任。基层法律服务所主任，除应当取得基层法律服务工作者执业证外，还应当有三年以上从事基层法律服务工作或者基层司法行政工作的经历。

第十七条 基层法律服务所主任，应当经基层法律服务所民主推选或者按照有关规定产生。

第十八条 基层法律服务所主任为该所的法定代表人或者负责人，负责管理本所行政事务和组织开展业务工作，负责向所在地县级司法行政机关或者直辖市的区（县）司法行政机关报告工作。

第十九条 基层法律服务所应当建立基层法律服务工作者会议制度，民主管理本所重大事务，行使下列职权：

（一）制定本所发展规划和年度工作计划；

（二）制定本所管理规章制度；

（三）审议本所年度工作总结报告；

（四）审议本所年度预决算报告和重大财务开支项目；

（五）决定对本所基层法律服务工作者和辅助工作人员的奖惩；

（六）审议其他重要事项。

第二十条 基层法律服务所应当依法与在本所执业的基层法律服务工作者签订聘用合同或者劳动合同。

第二十一条 基层法律服务所应当建立健全执业管理、业务培训、投诉查处、人员奖惩等内部管理制度，对基层法律服务工作者加强职业道德和执业纪律教育，加强业务知识和技能的培训，加强执业活动的检查、监督。

第二十二条 基层法律服务所对违反职业道德、执业纪律，司法行政机关管理规定和本所章程、制度或者有其他违法行为的基层法律服务工作者，可以依据有关规定予以处分或者处理。

第二十三条 基层法律服务所根据工作需要，可以按照有关规定聘用文秘、财务、行政等辅助工作人员，依法签订聘用合同或者劳动合同。

辅助工作人员的聘用、变更情况，应当报所在地县级司法行政机关或者直辖市的区（县）司法行政机关备案。

第二十四条 基层法律服务所组织基层法律服务工作者开展业务活动，应当遵守下列要求：

（一）严格执行司法部关于基层法律服务业务范围、工作原则和服务程序的规定，建立统一收案、统一委派、疑难法律事务集体讨论、重要案件报告等制度；

（二）建立对基层法律服务工作者遵守职业道德、执业纪律和服务质量、效率的检查、监督、考评制度；

（三）接受国家、社会和委托人的监督；

（四）由基层法律服务所按照有关规定统一收取服务费，公开收费项目和收费标准，严格遵守基层法律服务收费管理制度；

（五）对符合规定条件的当事人提供法律援助；

（六）建立健全基层法律服务业务档案管理制度。

第二十五条 基层法律服务所应当按照规定建立健全财务管理制度，建立和实行合理的分配制度以及激励机制。

第二十六条 基层法律服务所应当根据本所收支情况和实际需要，留存用于事业发展、社会保障和奖励等事项的费用。

第二十七条 基层法律服务所应当按照国家和地方有关社会保障的政策和规定，为基层法律服务工作者和辅助工作人员办理社会保险。

第二十八条 基层法律服务所应当积极创造条件，加强办公用房、办公设施、办公装备的建设，不断改善执业条件，提高服务质量，提升工作效率。

第四章 检查监督

第二十九条 设区的市级或者直辖市的区（县）司法行政机关应当每年对基层法律服务所进行年度考核。

对基层法律服务所进行年度考核的具体办法，由省、自治区、直辖市司法行政机关依据本办法和有关规定制定。

第三十条 基层法律服务所接受年度考核，应当提交下列材料：

（一）上年度本所工作总结报告和本年度工作计划；

（二）上年度本所财务报表；

（三）《基层法律服务所执业证》副本；

（四）司法行政机关要求提交的其他材料。

第三十一条 基层法律服务所的年度考核材料，经所在地县级司法行政机关审查后报送设区的市级司法行政机关审核，或者由直辖市的区（县）司法行政机关审核。

第三十二条 设区的市级或者直辖市的区（县）司法行政机关在年度考核中，对有本办法第三十六条所列行为、尚未处理的基层法律服务所，按照本办法第三十六条至第三十九条的规定进行处理。

在年度考核中，不符合本办法规定条件的基层法律服务所，应当在所在地县级司法行政机关或者直辖市的区（县）司法行政机关监督下，限期整改。期满后仍不符合本办法相关规定的，应当办理注销手续。

第三十三条 省、自治区、直辖市司法行政机关应当建立基层法律服务所和基层法律服务工作者信息管理系统，按照有关规定向社会公开基层法律服务所、基层法律服务工作者基本信息和年度考核结果、奖惩情况，并将基层法律服务所、基层法律服务工作者信用记录纳入本省、自治区、直辖市信用信息共享平台。

第三十四条 县级司法行政机关或者直辖市的区（县）司法行政机关对基层法律服务所的日常执业活动和内部管理工作进行指导和监督，可以按照有关规定对基层法律服务所进行检查，要求基层法律服务所报告工作、说明情况、提交有关材料。司法所可以根据县级司法行政机关或者直辖市的区（县）司法行政机关要求，承担对基层法律服务所进行指导监督的具体工作。

第三十五条 司法行政机关对工作成绩显著、队伍建设良好、管理制度完善的基层法律服务所，按照有关规定给予表彰奖励。

第三十六条 基层法律服务所有下列行为之一的，由所在地县级司法行政机关或者直辖市的区（县）司法行政机关予以警告；有违法所得的，依照法律、法规的规定没收违法所得，并由设区的市级或者直辖市的区（县）司法行政机关处以违法所得三倍以下的罚款，罚款数额最高为三万元：

（一）超越业务范围和诉讼代理执业区域的；

（二）违反规定不以基层法律服务所名义统一接受委托、统一收取服务费，不向委托人出具有效收费凭证的；

（三）冒用律师事务所名义执业的；

（四）以贬损他人、抬高自己、虚假承诺或者支付介绍费等不正当手段争揽业务的；

（五）伪造、涂改、抵押、出租、出借本所执业证的；

（六）违反规定变更本所名称、法定代表人或者负责人、合伙人、住所和章程的；

（七）不按规定接受年度考核，或者在年度考核中弄虚作假的；

（八）违反财务管理规定，私分、挪用或者以其他方式非法处置本所资产的；

（九）聘用未获准基层法律服务工作者执业的人员以基层法律服务工作者名义承办业务的；

（十）放纵、包庇本所基层法律服务工作者的违法违纪行为的；

（十一）内部管理混乱，无法正常开展业务的；

（十二）法律、法规、规章规定应予处罚的其他行为。

第三十七条 司法行政机关对基层法律服务所实施行政处罚，应当依照

《中华人民共和国行政处罚法》和司法部有关规定进行。

第三十八条 基层法律服务所对行政处罚不服的，可以依照《中华人民共和国行政复议法》和司法部有关规定申请行政复议。

第三十九条 司法行政机关对基层法律服务所实施行政处罚的，应当按照有关规定追究其法定代表人或者负责人的责任。

第四十条 司法行政机关对基层法律服务所实施行政处罚的同时，应当责令其限期整改。期满后仍不能改正，不宜继续执业的，由设区的市级或者直辖市的区（县）司法行政机关予以注销。

第四十一条 司法行政机关应当建立对基层法律服务所的投诉监督制度，设立投诉电话、投诉信箱，受理公民、法人和其他非法人组织对基层法律服务所及其从业人员的投诉。

涉及委托人与基层法律服务所发生争议的投诉，由基层法律服务所所在地县级司法行政机关或者直辖市的区（县）司法行政机关予以调解处理；涉及基层法律服务所及其从业人员违法违纪的投诉，司法行政机关应当立案调查处理，并将查处结果告知投诉人。

第四十二条 上级司法行政机关认为下级司法行政机关在年度考核和行政处罚工作中有错误或者不当的，应当及时责令其改正。

司法行政机关及其工作人员不履行管理职责或者侵犯基层法律服务所合法权益的，应当追究主管人员和直接责任人员的行政责任。

第五章　附　则

第四十三条 《基层法律服务所执业证》由司法部统一制作。

第四十四条 本办法由司法部负责解释。

第四十五条 本办法自2018年2月1日起施行。司法部此前制定的有关基层法律服务所管理的规章、规范性文件与本办法相抵触的，以本办法为准。

基层法律服务工作者管理办法

（2000 年 3 月 30 日司法部令第 60 号公布　根据
2017 年 12 月 25 日司法部令第 138 号修订
自 2018 年 2 月 1 日起施行）

第一章　总　则

第一条　为加强对基层法律服务工作者的监督和管理，保障基层法律服务工作者依法执业，根据有关法律法规，制定本办法。

第二条　符合本办法规定的执业条件，经司法行政机关核准取得《基层法律服务工作者执业证》，在基层法律服务所执业，为社会提供法律服务的人员，是基层法律服务工作者。

第三条　基层法律服务工作者的职责是按照司法部规定的业务范围和执业要求，开展法律服务，维护当事人合法权益，维护法律正确实施，促进社会稳定、经济发展和法治建设。

基层法律服务工作者依法执业受法律保护，任何组织和个人不得侵害其合法权益。

第四条　基层法律服务工作者应当把拥护中国共产党领导、拥护社会主义法治作为从业的基本要求。

第五条　司法行政机关依据本办法对基层法律服务工作者进行管理和指导。

第二章　执业条件

第六条　申请基层法律服务工作者执业，应当具备下列条件：

（一）拥护中华人民共和国宪法；

（二）高等学校法律专业本科毕业，参加省、自治区、直辖市司法行政机关组织的考试合格；

（三）品行良好；

（四）身体健康；

（五）在基层法律服务所实习满一年，但具有二年以上其他法律职业经历的除外。

各省、自治区、直辖市的自治县（旗），国务院审批确定的国家扶贫开发工作重点县，西部地区省、自治区、直辖市所辖县，可以将前款第二项规定的学历专业条件放宽为高等学校法律专业专科毕业，或者非法律专业本科毕业并具有法律专业知识。

第七条　具有法律职业资格或者曾经取得基层法律服务工作者执业资格的人员，符合本办法第六条第一款第一、三、四、五项规定的，也可以申请基层法律服务工作者执业核准。

第八条　有下列情形之一的人员，不得参加本办法第六条第一款第二项规定的考试或者申请执业核准：

（一）因故意犯罪受到刑事处罚的；

（二）被开除公职的；

（三）无民事行为能力或者限制民事行为能力的。

第三章　执业核准

第九条　设区的市级或者直辖市的区（县）司法行政机关负责基层法律服务工作者执业核准，颁发《基层法律服务工作者执业证》。

第十条　申请基层法律服务工作者执业核准的，应当填写申请执业登记表，并提交下列材料：

（一）符合本办法第六条规定的学历证书和考试合格证明，或者第七条规定的资格证书；

（二）基层法律服务所对申请人实习表现的鉴定意见，或者具有二年以上其他法律职业经历的证明；

（三）基层法律服务所出具的同意接收申请人的证明；

（四）申请人的身份证明。

第十一条 申请执业核准材料，由拟聘用申请人的基层法律服务所提交所在地县级司法行政机关审查，由其出具审查意见后报设区的市级司法行政机关审核，或者由拟聘用申请人的基层法律服务所报所在地直辖市的区（县）司法行政机关审核。

第十二条 执业核准机关应当自决定受理申请之日起二十日内完成审核，作出准予执业核准或者不准予执业核准的书面决定。不准予执业核准的，应当在决定中说明理由。

对准予执业核准的申请人，由执业核准机关颁发《基层法律服务工作者执业证》。

申请人对不准予执业核准决定有异议的，可以依照《中华人民共和国行政复议法》和司法部有关规定申请行政复议。

第十三条 对有下列情形之一的申请执业核准的人员，司法行政机关应当作出不准予执业核准的决定：

（一）具有本办法第八条规定情形之一的；

（二）曾因严重违法违纪违规行为被基层法律服务所解除聘用合同或者劳动合同的；

（三）曾被吊销律师执业证书或者受到停止执业处罚期限未满的；

（四）具有法律职业资格或者律师资格、公证员资格并已在律师事务所或者公证机构执业的。

第十四条 符合本办法第六条或者第七条规定的条件，在教育科研部门工作、民营企业工作或者务农的人员，经基层法律服务所聘用，可以兼职从事基层法律服务工作，但在教育科研部门工作的人员按照有关规定不得兼职的除外。申请兼职基层法律服务者执业核准，按照本办法规定的条件和程序办理。

基层法律服务所聘用兼职基层法律服务工作者的人数，不得超过专职基层法律服务工作者的人数。

第十五条 基层法律服务工作者变更执业机构的，持与原执业的基层法律服务所解除聘用关系、劳动关系的证明和拟变更的基层法律服务所同意接收的证明，按照本办法规定的程序，申请更换《基层法律服务工作者执业证》。

有下列情形之一的，基层法律服务工作者不得变更执业机构：

（一）本人承办的业务或者工作交接手续尚未办结；

（二）本人与所在基层法律服务所尚存在债权债务关系；

（三）本人有正在接受调查处理的违反执业纪律的行为。

第十六条 基层法律服务工作者有下列情形之一的，由执业核准机关注销并收回《基层法律服务工作者执业证》：

（一）因严重违法违纪违规行为被基层法律服务所解除聘用合同或者劳动合同的；

（二）因与基层法律服务所解除聘用合同、劳动合同或者所在的基层法律服务所被注销，在六个月内未被其他基层法律服务所聘用的；

（三）因本人申请注销的；

（四）因其他原因停止执业的。

第十七条 基层法律服务工作者应当妥善保管《基层法律服务工作者执业证》，不得伪造、涂改、抵押、出借、出租。

《基层法律服务工作者执业证》遗失或者损坏无法使用的，持证人应当立即向所在地县级司法行政机关或者直辖市的区（县）司法行政机关申请办理补发或更换手续。

第四章 人员管理

第十八条 基层法律服务所应当依法与在本所执业的基层法律服务工作者签订聘用合同或者劳动合同。

第十九条 基层法律服务所应当为基层法律服务工作者执业提供必要的工作条件，维护其在执业活动和本所管理工作中应享有的合法权利，保障其应享有的劳动报酬、保险和福利待遇。

第二十条 基层法律服务所应当建立对基层法律服务工作者执业实绩和遵守职业道德、执业纪律情况的年度考核制度。

年度考核结果分为优秀、称职、基本称职、不称职四个等次。年度考核结果应当作为对基层法律服务工作者奖惩的依据。

第二十一条 基层法律服务所对年度考核被评为优秀或者在平时执业中有突出事迹或者显著贡献的基层法律服务工作者，应当给予奖励。

对事迹特别突出的，可以报请有关司法行政机关给予表彰。

第二十二条 基层法律服务所对违反职业道德和执业纪律，违反司法行政机关管理规定和本所章程、制度或者有其他违法行为的基层法律服务工作者，可以按照有关规定予以处分或者处理。

第二十三条 基层法律服务工作者有下列情形之一的，基层法律服务所可以按照有关规定解除聘用合同或者劳动合同：

（一）在年度考核中连续两年被评为不称职的；

（二）严重违反本所规章制度，经多次教育仍不改正的；

（三）无正当理由连续停止执业满三个月的；

（四）因患病或者非因公负伤，在规定的医疗期满后不能从事基层法律服务工作的。

基层法律服务所按照前款规定与基层法律服务工作者解除聘用合同或者劳动合同的，应当报所在地县级司法行政机关备案，并按照规定程序办理注销手续。

第二十四条 基层法律服务所和基层法律服务工作者对履行聘用合同发生争议的，可以提请所在地的县级司法行政机关或者直辖市的区（县）司法行政机关进行调解处理。

第五章 执业权利和义务

第二十五条 基层法律服务工作者应当遵守宪法和法律，恪守职业道德和执业纪律，做到依法执业、诚信执业、规范执业。

基层法律服务工作者执业应当以事实为依据，以法律为准绳。

基层法律服务工作者应当接受国家、社会和当事人的监督。

第二十六条 基层法律服务工作者可以从事下列业务：

（一）担任法律顾问；

（二）代理参加民事、行政诉讼活动；

（三）代理非诉讼法律事务；

（四）接受委托，参加调解、仲裁活动；

（五）解答法律咨询；

（六）代写法律事务文书。

第二十七条 基层法律服务工作者办理本办法第二十六条第二项规定的业务，应当符合下列条件之一：

（一）至少有一方当事人的住所位于其执业的基层法律服务所所在的县级行政区划辖区或者直辖市的区（县）行政区划辖区内。

（二）案件由其执业的基层法律服务所所在的县级行政区划辖区或者直辖市的区（县）行政区划辖区内的基层人民法院审理；该案进入二审、审判监督程序的，可以继续接受原当事人的委托，担任诉讼代理人。

省、自治区、直辖市司法行政机关根据本地实际，认为确有必要的，可以适当调整前款第一项规定的条件。

第二十八条 基层法律服务工作者持基层法律服务所出具的介绍信、当事人的委托书和《基层法律服务工作者执业证》，经有关单位或者个人同意，可以依法向其调查、收集与承办法律事务有关的证据材料；依法查阅所代理案件有关材料。

第二十九条 基层法律服务工作者对坚持非法要求、故意隐瞒重大事实、提供虚假证据或者严重违反委托合同约定义务的当事人，可以拒绝为其代理或者解除委托关系。

第三十条 基层法律服务工作者在执业中发现本地区政府机关、基层群众性自治组织、企业事业单位、社会组织在执行法律、法规和规章方面存在问题的，可以向其提出法律服务建议。

第三十一条 基层法律服务工作者在执业期间，有权获得执业所需的工作条件，参加政治学习和业务培训，参与本所民主管理，获得劳动报酬和享受保险、福利待遇。

第三十二条 基层法律服务工作者对违反本办法第三十一条规定，或者侵犯其执业权利的行为，可以请求司法行政机关、基层法律服务行业协会依法予以保障其合法权益。

第三十三条 基层法律服务工作者应当遵守基层法律服务所统一收案、统一委派、统一收费的相关规定。

第三十四条 基层法律服务工作者应当按照有关规定履行法律援助义务。

第三十五条 基层法律服务工作者在执业过程中应当遵守司法、仲裁和行政执法活动的有关制度，尊重司法机关、仲裁委员会和行政执法机关及其工作人员依法行使职权。

曾担任法官的基层法律服务工作者，不得担任原任职法院办理案件的诉讼代理人。

第三十六条 基层法律服务工作者应当尊重同行，同业互助，公平竞争，共同提高执业水平。

第三十七条 基层法律服务工作者应当保守在执业活动中知悉的国家秘密、商业秘密和个人隐私。

第三十八条 基层法律服务工作者应当爱岗敬业、坚持原则、诚实守信、举止文明、廉洁自律，自觉维护执业声誉和社会形象。

第三十九条 基层法律服务工作者应当勤奋学习，加强职业修养，积极参加司法行政机关组织的业务培训，不断提高专业水平和服务技能。

第六章 检查监督

第四十条 设区的市级或者直辖市的区（县）司法行政机关应当对基层法律服务工作者进行年度考核。

对基层法律服务工作者进行年度考核的具体办法，由省、自治区、直辖市司法行政机关依据本办法和有关规定确定。

第四十一条 基层法律服务工作者参加年度考核，应当提交下列材料：

（一）上年度执业情况和遵守职业道德、执业纪律情况的个人总结；

（二）基层法律服务所出具的执业表现年度考核意见；

（三）《基层法律服务工作者执业证》。

第四十二条 基层法律服务工作者年度考核材料，由基层法律服务所报经所在地县级司法行政机关审查后报设区的市级司法行政机关审核，或者由基层法律服务所报所在地直辖市的区（县）司法行政机关审核。

第四十三条 设区的市级或者直辖市的区（县）司法行政机关在年度考核中，对有本办法第四十六条所列行为、尚未处理的基层法律服务工作者，按照本办法第四十六条至第四十八条的规定进行处理。

第四十四条 县级司法行政机关或者直辖市的区（县）司法行政机关对基层法律服务工作者的日常执业活动和遵守职业道德、执业纪律的情况进行指导和监督，可以按照有关规定对基层法律服务工作者的执业情况进行检查，要求有关人员报告工作、说明情况、提交有关材料。司法所可以根据县级司法行政机关或者直辖市的区（县）司法行政机关要求，承担对基层法律服务工作者进行指导监督的具体工作。

第四十五条 司法行政机关对有突出事迹或者显著贡献的基层法律服务工作者，按照有关规定给予表彰奖励。

第四十六条 基层法律服务工作者有下列行为之一的，由所在地县级司法行政机关或者直辖市的区（县）司法行政机关予以警告；有违法所得的，依照法律、法规的规定没收违法所得，并由设区的市级或者直辖市的区（县）司法行政机关处以违法所得三倍以下的罚款，罚款数额最高为三万元：

（一）超越业务范围和诉讼代理执业区域的；

（二）以贬损他人、抬高自己、虚假承诺或者支付介绍费等不正当手段争揽业务的；

（三）曾担任法官的基层法律服务工作者，担任原任职法院办理案件的诉讼代理人的；

（四）冒用律师名义执业的；

（五）同时在基层法律服务所和律师事务所或者公证机构执业，或者同时在两个以上基层法律服务所执业的；

（六）无正当理由拒绝履行法律援助义务的；

（七）明知委托人的要求是非法的、欺诈性的，仍为其提供帮助的；

（八）在代理活动中超越代理权限或者滥用代理权，侵犯被代理人合法利益的；

（九）在同一诉讼、仲裁、行政裁决中，为双方当事人或者有利害关系的第三人代理的；

（十）不遵守与当事人订立的委托合同，拒绝或者疏怠履行法律服务义务，损害委托人合法权益的；

（十一）在调解、代理、法律顾问等执业活动中压制、侮辱、报复当事人，造成恶劣影响的；

（十二）不按规定接受年度考核，或者在年度考核中弄虚作假的；

（十三）泄露在执业活动中知悉的商业秘密或者个人隐私的；

（十四）以影响案件审判、仲裁或者行政裁定结果为目的，违反规定会见有关司法、仲裁或者行政执法人员，或者向其请客送礼的；

（十五）私自接受委托承办法律事务，或者私自收取费用，或者向委托人索要额外报酬的；

（十六）在代理活动中收受对方当事人、利害关系人财物或者与其恶意串通，损害委托人合法权益的；

（十七）违反司法、仲裁、行政执法工作有关制度规定，干扰或者阻碍司法、仲裁、行政执法工作正常进行的；

（十八）泄露在执业活动中知悉的国家秘密的；

（十九）伪造、隐匿、毁灭证据或者故意协助委托人伪造、隐匿、毁灭证据的；

（二十）向有关司法人员、仲裁员或者行政执法人员行贿、介绍贿赂，或者指使、诱导委托人向其行贿的；

（二十一）法律、法规、规章规定应予处罚的其他行为。

司法行政机关对基层法律服务工作者实施上述行政处罚的同时，应当责令其改正。

第四十七条 司法行政机关对基层法律服务工作者实施行政处罚，应当依照《中华人民共和国行政处罚法》和司法部有关规定进行。

第四十八条 基层法律服务工作者对行政处罚不服的，可以依照《中华人民共和国行政复议法》和司法部有关规定申请行政复议。

第四十九条 基层法律服务工作者有下列情形之一的，基层法律服务所可以按照有关规定解除聘用合同或者劳动合同：

（一）有本办法第四十六条第一款第十三至第十七项规定行为，情节严重的；

（二）有本办法第四十六条第一款第十八、十九、二十项规定行为之一的；

（三）因故意犯罪受到刑事处罚的。

第五十条 司法行政机关应当建立对基层法律服务工作者执业的投诉监督制度，设立投诉电话、投诉信箱，受理当事人和其他公民对基层法律服务工作者违法违纪行为的投诉，将调查处理结果告知投诉人。

第五十一条 上级司法行政机关认为下级司法行政机关在执业核准、年度考核和行政处罚工作中有错误或者不当的，应当及时责令其纠正。

司法行政机关不履行管理职责或者干涉基层法律服务工作者执业、侵犯其合法权益的，应当追究主管人员和直接责任人员的行政责任。

第七章　附　则

第五十二条　省、自治区、直辖市司法行政机关应当从解决乡镇和欠发达地区律师资源不足问题、满足基层人民群众的法律服务需求出发，制定本地区基层法律服务队伍发展方案。

第五十三条　《基层法律服务工作者执业证》由司法部统一制作。

第五十四条　本办法由司法部负责解释。

第五十五条　本办法自2018年2月1日起施行。司法部此前制定的有关基层法律服务工作者管理的规章、规范性文件与本办法相抵触的，以本办法为准。

司法部相关负责人就修订后的《基层法律服务所管理办法》《基层法律服务工作者管理办法》答记者问

2017年12月25日，司法部公布了修订后的《基层法律服务所管理办法》（司法部令第137号）和《基层法律服务工作者管理办法》（司法部令第138号）。司法部相关负责人就两个《办法》修订和贯彻落实有关问题，回答了《法制日报》记者提问。

问：请介绍一下两个《办法》修订的背景和意义。

答：基层法律服务是一项具有中国特色的法律服务制度。上世纪八十年代初期，为弥补律师资源的不足，满足当时农村经济体制改革和沿海对外开放产生的大量法律服务需求，基层法律服务在东南沿海部分乡镇产生，并逐步发展到内地和城市。多年来，广大基层法律服务工作者坚持立足基层、扎根基层，发挥近民便民利民优势，为服务基层经济社会发展、维护人民群众合法权益、维护社会和谐稳定作出了重要贡献。

原《基层法律服务所管理办法》（司法部令第59号）和《基层法律服务工作者管理办法》（司法部令第60号）是司法部于2000年3月发布施行的，对于健全基层法律服务管理制度，指导监督基层法律服务所和基层法律服务工作者依法诚信规范执业发挥了重要作用。随着形势发展，原两个《办法》有些规定已经不符合基层法律服务工作发展实际，也与新时代人民群众对基层法律服务的新期待、新要求不相适应，有必要作出修改。

为贯彻落实中央部署，司法部对原两个《办法》进行了修订。修订工作深入贯彻党的十九大精神，以习近平新时代中国特色社会主义思想为指引，将满足新时代人民群众对美好生活更丰富、更高水平的向往作为出发点和落脚点，明确了基层法律服务所组织形式，完善了基层法律服务工作者执业核准制度，加强了基层法律服务执业监管，对于新时代坚持基层法律服务工作正确发展方向，提升基层法律服务队伍素质和服务质量，满足人民群众对公共法律服务的需求，增强人民群众在民主、法治、公平、正义、安全、环境等方面的获得感、幸福感和安全感具有重要意义。

问：修订后的《基层法律服务所管理办法》对基层法律服务所设立和组织形式作出了哪些调整？

答：根据《国务院关于第三批取消和调整行政审批项目的决定》（国发［2004］16号），基层法律服务所设立核准的行政许可事项被取消。据此，修订后的《基层法律服务所管理办法》删除了基层法律服务所设立的相关规定。

关于基层法律服务所组织形式，原《基层法律服务所管理办法》规定，基层法律服务所按照事业法人体制进行管理和运作。2000年，根据国务院《关于经济鉴证类社会中介机构与政府部门实行脱钩改制的意见》（国办发［2000］51号），司法部印发了《基层法律服务机构脱钩改制实施意见》（司发通［2000］134号），要求符合自收自支等条件的基层法律服务所脱钩改制为合伙所，尚未实现自收自支的基层法律服务所仍可按照事业法人体制进行管理运作。因此，修订后的《基层法律服务所管理办法》规定了事业体制和普通合伙制两种组织形式，并对这两种组织形式的基层法律服务所应当具备的条件作出了明确规定。

问：修订后的《基层法律服务工作者管理办法》从哪些方面完善了基层法律服务工作者执业核准制度？

答：修订后的《基层法律服务工作者管理办法》主要从三个方面完善了基层法律服务工作者执业核准制度。

一是完善了执业核准条件。修订后的《基层法律服务工作者管理办法》规定，符合下列条件之一的人员可以申请基层法律服务工作者执业：一是具有法律职业资格；二是曾经取得过基层法律服务工作者执业资格；三是高等学校法律专业本科毕业，参加省级司法行政机关组织的考试合格，对参加考试人员的学历要求比原《基层法律服务工作者管理办法》规定的“具有高中或者中等专业以上的学历”有了较大提高。这主要是考虑到，民事诉讼法、行政诉讼法明确赋予基层法律服务工作者诉讼代理人地位，有必要提高基层法律服务工作者执业准入门槛，提升基层法律服务工作者队伍素质。同时，考虑到西部地区适用“高等学校法律专业本科毕业”的学历专业条件存在困难，修订后的《基层法律服务工作者管理办法》规定，各省、自治区、直辖市的自治县（旗），国务院审批确定的国家扶贫开发工作重点县，西部地区省、自治区、直辖市所辖县，可以将上述学历专业条件放宽为高等学校法律专业专科毕业，或者非法律专业本科毕业并具有法律专业知识。

二是完善了执业核准程序。根据《国务院关于第六批取消和调整行政审批项目的决定》（国发［2012］52号）规定，修订后的《基层法律服务工作者管理办法》将基层法律服务工作者执业核准的实施机关由省级或其授权的下一级人民政府司法行政部门调整为设区的市级人民政府司法行政部门。

三是对各地制定基层法律服务队伍发展方案作出了明确规定。基层法律服务的定位和功能主要是对律师服务进行补充。当前，随着全面依法治国、建设社会主义法治国家不断推进，我国律师队伍发展迅速，基层法律服务的补充功能出现新的变化。在设区的市的市辖区，律师资源比较充足，可以不再发展基层法律服务工作者队伍，而在广大农村地区，特别是经济欠发达地区的农村，律师资源相对匮乏，基层法律服务仍将在一定时期发挥不可替代的补充作用，特别是在推进公共法律服务体系建设中，基层法律服务工作者队伍仍然是一支重要的工作力量。为此，修订后的《基层法律服务工作者管理办法》规定，省级司法行政机关应当从解决乡镇等经济欠发达地区律师资源不足问题，满足基层人民群众法律服务需求出发，制定本地区基层法律服务队伍发展方案。今后，各地要根据本地区基层法律服务队伍发展方案，实施基层法律服务工作者执业核准，推动基层法律服务资源合理布局。

问：修订后的《基层法律服务工作者管理办法》对基层法律服务工作者诉讼代理执业区域规定作出了哪些调整？

答：基层法律服务工作者在准入条件上与律师有明显区别，基层法律服务工作者无需通过国家司法考试就可以担任民事、行政诉讼代理人和提供非诉讼法律服务，因此有必要对基层法律服务工作者诉讼代理执业区域作出有别于律师的规定。修订后的《基层法律服务工作者管理办法》规定，基层法律服务工作者代理民事、行政诉讼案件应当符合下列条件之一：一是至少有一方当事人的住所位于其执业的基层法律服务所所在的县级行政区划辖区或者直辖市的区（县）行政区划辖区内。二是案件由其执业的基层法律服务所所在的县级行政区划辖区或者直辖市的区（县）行政区划辖区内的基层人民法院审理，案件进入二审、审判监督程序的，可以继续接受原当事人委托，担任诉讼代理人。这主要是因为，实践中交通肇事、外来务工人员人身损害赔偿之类的案件，双方当事人住所可能均不在基层法律服务所所在的县、区，但案件可能由该县、区的基层人民法院审理，如果允许基层法律服务工作者代理此类案件，会方便当事人就近获得基层法律服务。

修订后的《基层法律服务工作者管理办法》还规定，省级司法行政机关根据本地实际，认为确有必要的，可以对基层法律服务工作者诉讼代理执业区域作出适当调整。这主要是考虑到各地经济社会发展和法律服务资源分布不平衡，授权省级司法行政机关根据本地实际对诉讼代理执业区域作适当调整，有利于各地从实际出发，更好地满足当地群众的基层法律服务需求。同时，随着城镇化进程的不断推进，近年来一些地方行政区划调整频繁，有的市辖区范围很小，允许对诉讼代理执业区域作适当调整，有利于这些地方基层法律服务工作发展。可以说，修订后的《基层法律服务工作者管理办法》关于基层法律服务工作者诉讼代理执业区域的规定，既坚持了基层法律服务工作定位，又体现了灵活性，为各地作出适当调整提供了政策空间。

问：两个《办法》从哪些方面加强了基层法律服务执业监管？

答：两个《办法》主要从三个方面强化了基层法律服务执业监管。一是加强基层法律服务所内部管理。要求基层法律服务所健全完善人员、业务、财务等内部管理制度，进一步强化基层法律服务所的基础管理作用。二是建立年度考核制度。两个《办法》规定，司法行政机关应当每年对基层法律服务所和基层法律服务工作者进行考核，年度考核结果按照有关规定向社会公开。三是加大违法违规查处力度。进一步明确列举基层法律服务所和基层法律服务工作者的违法行为，建立健全基层法律服务投诉查处工作机制，切实做到有投诉必受理、有案必查、违法必究。今后，对基层法律服务所和基层法律服务工作者的行政处罚决定，要在司法部官网上公开，省级司法行政机关要将基层法律服务所和基层法律服务工作者信用记录纳入本省（区、市）信用信息共享平台。

问：司法部对学习贯彻两个《办法》有什么考虑？

答：学习贯彻两个《办法》是当前和今后一个时期基层法律服务工作的重要任务，各级司法行政机关要结合深入学习贯彻党的十九大精神和习近平新时代中国特色社会主义思想，切实把两个《办法》学习好、贯彻好、落实好。一是组织好学习培训。司法部将就学习贯彻两个《办法》组织培训，各地也要结合实际开展形式多样的学习培训，确保广大基层法律服务管理干部准确把握两个《办法》修订的精神实质和主要内容，切实履行好基层法律服务管理职责。要做好两个《办法》的解读工作，引导广大基层法律服务工作者正确认识基层法律服务工作定位和发展方向，树立和坚持正确执业理念，依法诚信规范执业，不断提高服务质量和水平。二是省级司法行政机关要根据当地实际，抓紧制定本地区基层法律服务队伍发展方案、执业核准考试实施办法和年度考核具体办法，为贯彻落实两个《办法》相关规定提供更加明确的遵循，确保两个《办法》规定落到实处。三是各级司法行政机关要充分发挥基层法律服务工作者在公共法律服务体系建设中的职能作用，推动基层法律服务工作者积极办理法律援助案件，担任村（居）法律顾问，参与信访、人民调解工作，努力满足人民群众日益增长的公共法律服务需求。

环境保护部

关于强化建设项目环境影响评价事中事后监管的实施意见

2018年1月25日　　环环评［2018］11号

各省、自治区、直辖市环境保护厅（局），新疆生产建设兵团环境保护局：

根据党中央、国务院简政放权、转变政府职能改革的有关要求，各级环保部门持续推进环境影响评价（以下简称环评）制度改革，在简化、下放、取消环评相关行政许可事项的同时，强化环评事中事后监管，各项工作取得积极进展。但是，一些地方观念转变不到位，仍然存在“重审批、轻监管”“重事前、轻事中事后”现象；一些地方编造数据、弄虚作假的环评文件时常出现；一些地方环评事中事后监管机制不落地，环评“刚性”约束不强。为切实保障环评制度效力，现就强化建设项目环评事中事后监管，提出本实施意见。

一、总体要求

（一）构建综合监管体系。各级环保部门要按照简政放权、转变政府职能的总体要求，以问题为导向，以提升环评效力为目标，坚持明确责任、协同监管、公开透明、诚信约束的原则，完善项目环评审批、技术评估、建设单位落实环境保护责任以及环评单位从业等各环节的事中事后监管工作机制，加快构建政府监管、企业自律、公众参与的综合监管体系，确保环评源头预防环境污染和生态破坏作用有效发挥。

（二）完善监管内容。加强事中监管，对环保部门要重点检查其环评审批行为和审批程序合法性、审批结果合规性；对技术评估机构要重点检查其技术评估能力、独立对环评文件进行技术评估并依法依规提出评估意见情况，是否存在乱收费行为；对环评单位要重点监督其是否依法依规开展作业，确保环评文件的数据资料真实、分析方法正确、结论科学可信；对建设单位要重点监督其依法依规履行环评程序、开展公众参与情况。加强事后监管，对环保部门要重点检查其对建设项目环境保护“三同时”监督检查情况；对环评单位要重点开展环评文件质量抽查复核；对建设单位要重点监督落实环评文件及批复要求，在项目设计、施工、验收、投入生产或使用中落实环境保护“三同时”及各项环境管理规定情况。

（三）明确监管责任。按照“谁审批、谁负责”的原则，各级环评审批部门在日常管理中负责对环评“放管服”事项和技术评估机构、环评单位从业情况进行检查。按照“属地管理”原则，各级环境监察执法、核与辐射安全监管部门在日常管理中加强建设单位环境保护“三同时”要求落实情况的检查。环境保护部和省级环保部门要充分运用环境保护督察等工作机制，对地方政府和有关部门落实环评制度情况开展监督。

二、做好监管保障

（四）依法开展环评制度改革。鼓励地方在强化环评源头预防作用的原则下，“于法有据”地出台环评“放管服”有关改革措施。上级环保部门对下级环保部门环评改革措施的依法合规性进行督导，对可能出现的偏差及时要求纠正，保证改革沿着正确的方向前行。下放环评审批权限，应综合评估承接部门的承接能力、承接条件，审慎下放石化化工、有色、钢铁、造纸等环境影响大、环境风险高项目的环评审批权，并对承接部门的审批程序、审批结果进行监督，确保放得下、接得住、管得好。

（五）架构并严守“三线一单”。设区的市级及以上环保部门要根据生态保护红线、环境质量底线、资源利用上线和环境准入负面清单（简称“三线一单”）环境管控要求，从空间布局约束、污染物排放管控、环境风险防控、资源开发效率等方面提出优布局、调结构、控规模、保功能等调控策略及导向性的环境治理要求，制定区域、行业环境准入限制或禁止条件。各级环保部门在环评审批中，应按照《关于以改善环境质量为核心加强环境影响评价管理的通知》（环环评〔2016〕150号）要求，建立“三挂钩”机制（项目环评审批与规划环评、现有项目环境管理、区域环境质量联动机制），强化“三线一单”硬约束，项目环评审批不得突破变通、降低标准。

（六）实施清单式管理。落实分类管理，建设项目环评文件的编制应符合《建设项目环境影响评价分类管理名录》要求，不得擅自更改和降低环评文件类别。严格分级审批，各级环保部门开展环评审批应符合《环境保护部审批环境影响评价文件的建设项目目录》和各省依法制定的环评文件分级审批规定；下放调整审批权限应履行法定程序，对下放的环评审批事项，上级环保部门不得随意上收；环评文件委托审批应依法开展，委托审批的环保部门对委托审批后果承担法律责任。环境保护部分行业制定建设项目环评文件审批原则和重大变动界定清单。鼓励省级环保部门依法依规制定本行政区内其他行业的环评文件审批原则。地方各级环保部门应严格执行建设项目环评文件审批和重大变动界定要求，统一建设项目环评管理尺度。

（七）做好与排污许可制度的衔接。各级环保部门要将排污许可证作为落实固定污染源环评文件审批要求的重要保障，严格建设项目环境影响报告书（表）的审查，结合排污许可证申请与核发技术规范和污染防治可行技术指南，核定建设项目的产排污环节、污染物种类及污染防治设施和措施等基本信息；依据国家或地方污染物排放标准、环境质量标准和总量控制要求，按照污染源源强核算技术指南、环评要素导则等，严格核定排放口数量、位置以及每个排放口的污染物种类、允许排放浓度和允许排放量、排放方式、排放去向、自行监测计划等与污染物排放相关的主要内容。建设项目发生实际排污行为之前应获得排污许可证，建设项目无证排污或不按证排污的，根据环境保护设施验收条件有关规定，建设单位不得出具环境保护设施验收合格意见。

三、创新监管方式

（八）运用大数据进行监管。环境保护部建设全国统一的环评申报系统、环境保护验收系统，并与环境影响登记表备案系统、排污许可管理系统、环境执法系统进行整合，统一纳入“智慧环评”综合监管平台。强化环评相关数据采集和关联集成，制定环评监管预警指标体系，增强面向监管的数据可用性，建立源头异常发现、过程问题识别、违法惩戒推送的智能模型，实现监管信息智能推送、监管业务智能触发。各级环保部门要运用大数据、互联网+等信息技术手段，实施智能、精准、高效的环评事中事后监管。

（九）开展双随机抽查。环境保护部负责组织协调全国环评事中事后监管抽查工作，地方各级环保部门负责本行政区的随机抽查工作。抽查重点事项为环境影响报告书（表）编制及审批情况、环境影响登记表备案及承诺落实情况、环境保护“三同时”落实情况、环境保护验收情况及相关主体责任落实情况等。各级环保部门以环评申报系统、环境保护验收系统等数据库为依托，随机抽取产生抽查对象。每年抽查石油加工、化工、有色金属冶炼、水泥、造纸、平板玻璃、钢铁等重点行业建设项目数量的比例应当不低于10%。对有严重违法违规记录、环境风险高的项目应提高抽查比例、实施靶向监管。对抽查发现的违法违规行为，要依法惩处问责。抽查情况和查处结果要及时向社会公开。

（十）发挥环境影响后评价监管作用。依法应当开展环境影响后评价的建设项目，应及时开展工作，对其实际产生的环境影响以及污染防治、生态保护和风险防范措施的有效性进行跟踪监测和验证评价，并提出补救方案或者改进措施。纳入排污许可管理的建设项目排污许可证执行报告、台账记录和自行监测等情况应作为环境影响后评价的重要依据。

四、强化技术机构管理

（十一）加强环评文件质量管理。环境保护部制定环评文件技术复核管理办法，上级环保部门可以对下级环保部门审批的建设项目环境影响报告书（表）开展技术复核。完善技术复核手段，采取人工复核和智能校核相结合方式，开展环评文件法规、空间、技术一致性校核。对技术复核判定有重大技术质量问题的，要向审批部门进行通报，对影响审批结论的，应要求采取整改措施。环评文件技术复核及处理结果向社会公开。

（十二）发挥技术评估作用。各级环保部门可通过政府采购方式委托技术评估机构开展环境影响报告书（表）的技术评估。技术评估机构要改进技术评估方式方法，完善技术手段，为环评审批严把技术关，重点审查建设项目的环境可行性、环境影响分析预测评估的可靠性、环境保护措施的有效性、环境影响评价结论的科学性等，并对其提出的技术评估意见负责。

（十三）规范环评技术服务。建设单位可以委托或者采取公开招标等方式选择具有相应能力的环评单位，对其建设项目进行环境影响评价、编制建设项目环境影响报告书（表）。环评单位应不断提高服务能力和水平，确保编制的环境影响报告书（表）的真实性和科学性。环境保护部制定环评技术服务行业管理办法，规范环评技术服务从业行为，依靠全国环评单位和人员的诚信管理体系推动环评单位和人员恪守行业规范和职业道德。制定建设项目环评单位技术能力推荐性指南，提出编制重大建设项目环境影响报告书的环评单位专业能力推荐性指标。

五、加大惩戒问责力度

（十四）严格环评审批责任追究。严肃查处不严格执行环评文件分级审批和分类管理有关规定，越权审批、拆分审批、变相审批等违法违规行为。在建设项目不符合环境保护法律法规和相关法定规划、所在区域环境质量未达标且建设项目拟采取的措施不能满足区域环境质量改善目标、采取的措施无法确保污染物达标排放或未采取必要措施预防和控制生态破坏、改扩建和技术改造项目未针对原有环境污染和生态破坏提出有效防治措施，或者环评文件基础资料明显不实、内容存在重大缺陷、遗漏，评价结论不明确、不合理等情况下批复环评文件的，要依法进行责任追究。对符合《建设项目环境影响评价区域限批管理办法（试行）》所列情形的，暂停审批有关区域的建设项目环评文件。

（十五）严格环评违法行为查处。依法查处建设项目环评文件未经审批擅自开工建设、不依法备案环境影响登记表等违法行为。依法查处建设单位在建设项目初步设计中未落实防治污染和生态破坏的措施、建设过程中未同时组织实施环境保护措施、环境保护设施未经验收或者验收不合格即投入生产或使用、未公开环境保护设施验收报告、未依法开展环境影响后评价等违法行为。对建设项目环评违法问题突出的地区，要约谈地方政府及相关部门负责人。

（十六）严格环评从业监管。各级环保部门应建立环评单位和人员的诚信档案，记录建设项目环境影响报告书（表）编制质量差、扰乱环评市场秩序等不良信用情况和行政处罚情况，并向社会公开。环境保护部定期对累积失信次数多的单位和人员名单进行集中通报。严肃查处环评单位及人员不负责任、弄虚作假致使建设项目环境影响报告书（表）失实或存在严重质量问题等行为；造成环境污染或生态破坏等严重后果的，还应追究连带责任；构成犯罪的，依法追究刑事责任。各级环保部门及其所属事业单位和人员不得从事建设项目环境影响报告书（表）编制，一经发现应严肃追究违规者及所在部门负责人责任。

（十七）实施失信惩戒。根据国务院《关于建立完善守信联合激励和失信联合惩戒制度加快推进社会诚信建设的指导意见》（国发〔2016〕33 号）和国家发展改革委、环境保护部等 31 部门《关于对环境保护领域失信生产经营单位及其有关人员开展联合惩戒的合作备忘录》（发改财金〔2016〕1580 号）要求，各级环保部门应当及时将对建设单位、环评单位、技术评估机构及其有关人员作出的行政处罚、行政强制等信息纳入全国或者本地区的信用信息共享平台，落实跨部门联合惩戒机制，推动各部门依法依规对严重失信的有关单位及法定代表人、相关责任人员采取限制或禁止市场准入、行政许可或融资行为，停止执行其享受的环保、财政、税收方面优惠政策等惩戒措施。

六、形成社会共治

（十八）落实环评信息公开机制方案。各级环保部门应健全建设项目环评信息公开机制和内部监督机制，依法依规公开建设项目环评信息，推进环评“阳光审批”。强化对建设单位的监督约束，落实建设项目环评信息的全过程、全覆盖公开，确保公众能够方便获取建设项目环评信息。畅通公众参与和社会监督渠道，保障可能受建设项目环境影响公众的环境权益。

（十九）发挥公众参与环评的监督作用。建设单位在建设项目环境影响报告书报送审批前，应采取适当形式，遵循依法、有序、公开、便利的原则，公开征求公众意见并对公众参与的真实性和结果负责。各级环保部门应监督建设单位依法规范开展公众参与，保证公众环境保护知情权、参与权和监督权。推进形成多方参与、社会共治的环境治理体系。

七、强化组织实施

（二十）提高思想认识。加强环评事中事后监管，对解决当前面临的突出问题，充分发挥环评源头预防效能具有重要意义。各级环保部门务必充分认识强化环评事中事后监管的必要性和重要性，正确处理履行监管职责与服务发展的关系，注重检查与指导、惩处与教育、监管与服务相结合，确保监管不缺位、不错位、不越位。

（二十一）加强组织领导。各级环保部门要结合本地实际认真研究制定属地监管工作方案，明确职责划分，细化工作内容，强化责任考核，建立健全工作推进机制，着力强化工作执行力度。研究建立符合环评事中事后监管特点的环境执法管理制度和有利于监管执法的激励制度，强化监管执法，加强跟踪检查，切实把环评事中事后监管落到实处。

（二十二）做好宣传引导。各级环保部门要加强环评相关法律法规及政策宣传力度，通过多种形式特别是新媒体鼓励全社会参与环评事中事后监管，形成理解、关心、支持事中事后监管的社会氛围。积极宣传环评事中事后监管的主要措施、成效，引导相关责任方提高环境保护责任意识，坚守环境保护底线，健全完善环评事中事后监管工作长效机制。

环境保护部就《关于强化建设项目环境影响评价事中事后监管的实施意见》答记者问

环境保护部近日印发了《关于强化建设项目环境影响评价事中事后监管的实施意见》（以下简称《实施意见》），针对《实施意见》制定目的、内容等问题，环境保护部环境影响评价司有关负责人回答了记者提问。

问：请介绍一下《实施意见》出台的背景？

答：习近平总书记在党的十九大报告中强调，要转变政府职能，深化简政放权，创新监管方式，增强政府公信力和执行力，建设人民满意的服务型政府。深入贯彻党的十九大精神，高举习近平新时代中国特色社会主义思想旗帜，坚持稳中求进工作总基调，加强环评事中事后监管，是落实党中央、国务院简政放权、转变政府职能改革部署的必然要求，是自觉践行“四个意识”的具体体现。

环评制度改革是落实党中央、国务院“放管服”要求的一项重要改革任务。我部以推动实现“十三五”绿色发展和改善生态环境质量为总体目标，于2016年7月15日印发了《“十三五”环境影响评价改革实施方案》（环环评〔2016〕95号），并陆续发布配套改革文件，各地环保部门落实各项改革措施，各项工作取得积极进展。在深化改革的同时，也发现，一些地方观念转变不到位，仍然存在“重审批、轻监管”“重事前、轻事中事后”现象；一些地方重放轻管，服务不到位，接的不好、接的不稳的现象时有发生；个别地方管理粗放、把关不严，编造数据、弄虚作假的环评文件时常出现；一些地方严格执行环评制度不到位，环评“刚性”约束不强。为落实环评改革措施，解决当前面临的突出问题，在简化、下放、取消环评相关行政许可事项的同时，强化环评事中事后监管，切实保障环评制度效力，强化环评的“刚性”约束，根据党中央、国务院关于推进行政审批制度改革、强化事中事后监管的有关要求，我部制定出台了《关于强化建设项目环境影响评价事中事后监管的实施意见》。

问：《实施意见》中提到的“事中”和“事后”怎么区分，分别监管哪些内容？

答：环评的事中事后监管，主要针对项目环评审批、技术评估、建设单位落实环境保护责任以及环评单位从业等各环节，针对不同的监管对象，事中事后监管内容也有区分。

加强事中监管，主要是要求环保部门重点检查其环评审批行为和审批程序合法性、审批结果合规性；对技术评估机构要重点检查其技术评估能力、独立对环评文件进行技术评估并依法依规提出评估意见情况，是否存在乱收费行为；对环评单位要重点监督其是否依法依规开展作业，确保环评文件的数据资料真实、分析方法正确、结论科学可信；对建设单位要重点监督其依法依规履行环评程序、开展公众参与情况。

加强事后监管，对环保部门要重点检查其对建设项目环境保护“三同时”监督检查情况；对评价单位要重点开展环评文件质量抽查复核；对建设单位要重点监督落实环评文件及批复要求，在项目设计、施工、验收、投入生产或使用中落实环境保护“三同时”及各项环境管理规定情况。

问：《实施意见》中确定的建设项目环评事中事后日常监督管理主体是谁？

答：各级环评审批部门在日常管理中负责按照“谁审批，谁负责”原则，对环评“放管服”事项和技术评估机构、环评单位从业情况进行检查。各级环境监察执法、核与辐射安全监管部门按照“属地管理”原则加强建设单位环境保护“三同时”要求落实情况的检查。环境保护部和省级环保部门同时要利用环境保护督查机制，对地方政府和有关部门落实环评制度情况开展监督。

问：《实施意见》中提出要创新监管方式，具体会如何开展监管？

答：环境保护部正在建设“智慧环评”综合监管平台，届时会将环评审批系统、环保验收系统、环境影响登记表备案系统、排污许可管理系统、环境执法系统等进行整合，并在合适的时机与投资项目审批监管平台全面对接。监管部门利用“智慧环评”综合监管平台推送的相关数据，采用现场检查、监督监测、遥感校核、卫星核查等手段开展智能、精准、高效的环评事中事后监管。

与此同时，环境保护部根据监管内容，组织协调全国环评事中事后“双随机”抽查工作，地方各级环保部门完成本行政区的随机抽查工作。《实施意见》对石油加工、化工、有色金属冶炼、水泥、造纸、平板玻璃、钢铁等重点行业建设项目抽查数量比例进行了设置，规定不低于10%。对依法开展环境影响后评价的建设项目进行跟踪监测和验证评价，提出补救方案或改进措施。

问：强化建设项目环评事中事后监管，针对不同单位强化了哪些惩戒问责措施？

答：加强环评事中事后监管，既要落实建设单位和环评单位责任，也要落实环保部门责任，要进行追究问责。对环保部门，要严肃查处不严格执行环评文件分级审批和分类管理有关规定，越权审批、拆分审批、变相审批等违法违规行为，以及在不满足审批条件的情况下批复环评文件的行为。对建设单位，要依法查处未批先建、不依法备案环境影响登记表、不落实环境保护“三同时”、环境保护设施验收规定等违法行为。对环评单位，要以环评文件质量为重点，查处不负责任、弄虚作假等行为，要建立环评单位和人员的诚信档案，记录环评单位和人员的不良信用情况和行政处罚情况，环境保护部将定期通报累积失信次数多的单位和人员名单。要利用社会信用体系，对违法违规行为实施联合惩戒。对违法问题突出的地区，要采取区域限批或者约谈地方政府及相关部门负责人的措施。

问：请介绍一下下一步推动《实施意见》贯彻实施的工作考虑。

答：制度的生命在于严格执行。为执行好《实施意见》，环境保护部近期将着力抓好三项工作。一是开展《实施意见》的宣传贯彻工作。要提高各方对加强环评事中事后监管必要性、重要性的认识，并且各地方要结合本地实际研究制定属地监管工作方案，明确职责划分，细化工作内容，强化责任考核，建立健全工作推进机制，提高监管能力和水平，着力强化工作执行力度。二是开展环评文件抽查复核。2017 年启动全国的环评文件抽查复核，已经对 300 余份环评文件进行了抽查，今年开始，环境保护部将每季度抽查一定数量的环评文件进行复核，也就是说环评文件抽查复核将常态化，通过环评文件的技术校核以及相应审批情况的梳理，可以对环评单位从业情况和环保部门审批情况进行监督。三是开展环评事中事后监管专项督导。要对环保部门履行环评事中事后监管责任情况和建设单位落实环境保护责任情况开展督导，对于发现和查处的典型案例要予以曝光，进行警示，要逐步完善环评事中事后监管工作长效机制。

商务部

关于废止和修改部分规章的决定

（2018年2月6日商务部第110次部务会议审议通过
2018年2月22日商务部令2018年第1号公布
自公布之日起施行）

为继续深化简政放权、放管结合、优化服务改革，根据国务院要求，商务部对相关规章进行了清理。经相关联发部门同意，现决定：

一、对4部规章予以废止

（一）经商银监会、保监会同意，废止《对外承包工程项目投标（议标）管理办法》（商务部 银监会 保监会令2011年第3号）。

（二）废止《生猪屠宰管理条例实施办法》（商务部令2008年第13号）。

（三）废止《外商投资租赁业管理规定》（商务部令2005年第5号）。

（四）废止《纺织品出口管理办法（暂行）》（商务部令2006年第21号）。

二、对1部规章予以修改

经商财政部同意，决定对《中央储备肉管理办法》（商务部 财政部令2007年第9号）作如下修改：

删去第十二条、第十五条、第十六条。

［司法实务问题研究］

关于审理行政复议机关为共同被告案件的调研

舟山市中级人民法院行政庭课题组*

摘要　本调研报告立足于行政诉讼法及司法解释关于复议机关为共同被告制度的现行规定，结合立法背景、理论研究和域外成熟立法例，总结现有司法实践中关于审理复议机关为共同被告行政案件的探索经验，重点针对困扰司法实践的复议机关共同被告案件的范围、特殊复议机关被告主体资格及管辖、起诉期限等复议诉讼程序衔接问题、共同被告行政机关负责人出庭应诉、举证责任及审理程序、行政机关败诉案件诉讼费用负担、共同被告的赔偿责任、规范性文件附带审查等疑难问题展开调研，为厘清此类案件的审理思路、优化审理程序和正确适用裁判方式提出意见建议。同时，本调研报告结合当前行政复议制度改革探索、行政复议法的修改动向等，就行政复议与行政诉讼如何共同发挥解决行政争议、监督行政机关和救济行政相对人合法权益等制度价值提供可行思路和解决方案。

关键词　行政诉讼法　复议机关　共同被告　裁判方式

现行《中华人民共和国行政诉讼法》（以下简称《行政诉讼法》）第二十六条第二款以及《最高人民法院关于适用〈中华人民共和国行政诉讼法〉若

* 课题主持人：王卫东；课题组成员：周杰、张静、方园。

干问题的解释》(以下简称《适用解释》) 第六条至第十条确立了行政复议机关为共同被告制度，在立法机关、诉讼理论学界和司法实务部门均引发了巨大争议和广泛探讨。

行政复议机关为共同被告，是根据中国司法实践作出的具有中国特色的制度设计，具有鲜明的原创性。有观点认为，“行政复议机关作共同被告制度是解决‘复议机关维持会’现象的一剂良方，问题的关键在于，我们如何面对和因应立法的变化，如何让这剂‘中药方’真正发挥药效。”[①] 但也有观点认为，“复议机关共同被告制度导致实践中复议机关应诉压力巨大、行政机关正常工作受到消极影响以及资源浪费等困境，其设立不具有法理上和制度上的合理性，且对行政复议制度改革产生制约。”[②]

一、现状：舟山法院审理行政复议机关为共同被告案件基本情况

(一) 收结案基本情况

自新《行政诉讼法》实施以来，舟山法院共受理复议机关为共同被告一审行政诉讼案件31件。其中，舟山中院于2017年5月受理了全市首例以省政府为被告的土地行政批准及行政复议案，该案由舟山中院孙公幸院长担任审判长及主审法官。从行政管理领域分析，复议机关为共同被告一审行政诉讼案件中，涉及国土领域13件、公安8件、劳动和社会保障3件、城建2件、乡镇政府2件、市场监管2件，税务1件。

从裁判结果看，三年来，舟山法院共审结复议机关为共同被告一审行政诉讼案件28件。其中，判决一并确认原行政行为及复议决定违法1件，判决驳回诉请18件，裁定驳回起诉5件，撤诉4件。二审改判撤销复议决定1件，改判一并撤销原行政行为及复议决定1件。该类型案件的行政机关败诉率10.71%[③]，判决败诉率15.79%。

---

① 梁凤云:《行政复议机关作共同被告问题研究——基于立法和司法的考量》，载《中国政法大学学报》2016年第6期，第122~135页。

② 参见沈福俊:《复议机关共同被告制度之检视》，载《法学》2016年第6期，第108~118页。

③ 舟山地区2015年行政机关败诉率4.71%，2016年行政机关败诉率6.98%，2017年行政机关败诉率15.57%。

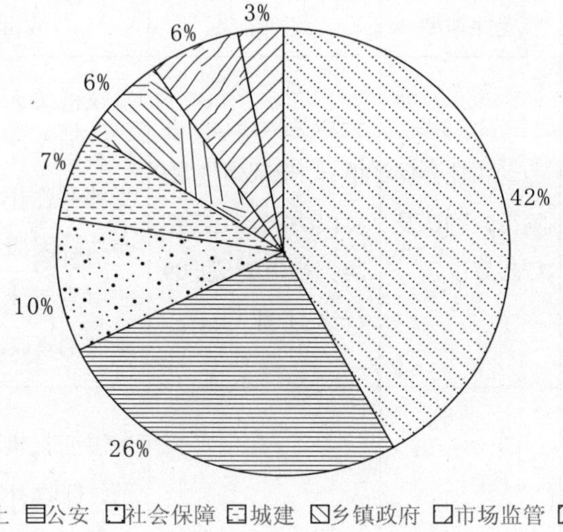

图 1　舟山法院审理复议机关为共同被告案件类型分布图

（2015～2017 年）

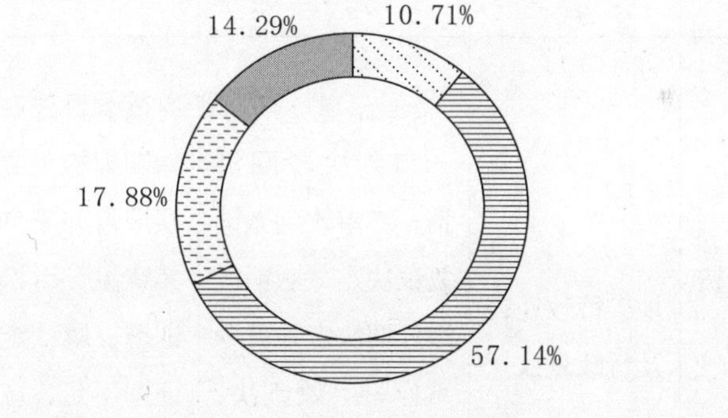

图 2　舟山法院审理复议机关为共同被告裁判结果分布图

（2015～2017 年）

表1 舟山法院审理复议机关为共同被告行政机关败诉案件一览表

（2015～2017年）

被诉行政机关	案件类型	裁判结果	败诉原因分析
原行政机关：舟山市人社局 复议机关：舟山市人民政府	劳动和社会保障行政确认及行政复议	一审判决驳回诉请；二审改判撤销复议决定。生效判决：（2016）浙09行终41号。	复议机关无正当理由对不符合受理条件的复议申请予以受理并作出实体决定，程序违法。因原行政行为已经司法审查并未违法，故二审改判撤销复议决定。
原行政机关：普陀区人民政府； 复议机关：舟山市人民政府	房屋行政征收及行政复议	一审一并判决确认违法。生效判决：（2016）浙09行初62号。	房屋征收机关发布征收决定前，征收补偿资金未足额到位、专户存储，构成违法，鉴于撤销征收决定会给公共利益造成重大损害，故判决确认违法；复议机关维持被诉房屋征收决定，结论错误，一并判决确认违法。
原行政机关：嵊泗县国土资源局 复议机关：嵊泗县人民政府	地矿行政处罚及行政复议	一审判决驳回诉请；二审改判撤销复议决定，撤销行政处罚决定并责令重作。生效判决：（2017）浙09行终24号。	原行政机关在现场勘察时未通知拟被处罚对象到场，勘察报告亦未向其送达并听取其意见，诉讼中无法采纳该证据，属认定违法事实主要证据不足，应依法改判撤销并责令重做；复议机关维持被诉行政处罚决定，结论错误，故一并改判予以撤销。

（二）类案特征

1. 复议机关共同被告以同级人民政府居多

分析舟山法院三年来审理的该类型案件被告主体，以省政府为共同被告案件2件，以省级行政机关为共同被告1件，以市政府为共同被告13件，以县（区）政府作共同被告9件，以市级行政机关作共同被告4件，以区级行政机关作共同被告2件。排除错列共同被告情形，以原行政机关及同级人民政府为共同被告案件共12件，占比52.17%，反映了多数行政相对人更愿意向同级人民政府申请行政复议的倾向。

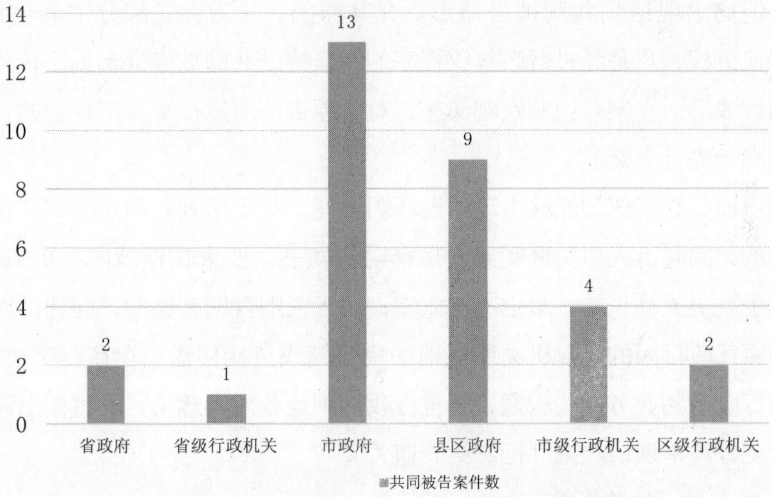

图3　舟山法院审理复议机关为共同被告类型分布图

（2015～2017年）

2. 主要争议集中于原行政行为的合法性

分析该类型案件的诉讼请求，原告一般要求撤销原行政行为及相应行政复议决定，但争议主要集中于原行政行为的合法性，对于复议决定程序合法性鲜少有明确异议。所以在审理该类型案件时，重点应围绕原行政行为的合法性。但即使原告对复议程序合法性无异议，法院仍应主动审查复议行为的程序合法性，对于原行政行为合法但复议程序明显违法的，应判决撤销复议决定或确认复议决定违法。

3. 复议机关以法制机构负责人出庭应诉居多

三年来，舟山法院共开庭审理复议机关为共同被告一、二审行政诉讼案件35件次，原行政机关负责人出庭应诉26件次，出庭应诉率74.29%。复议机关主要以法制部门副职负责人或工作人员出庭应诉居多，其中，复议机关负责人出庭应诉2件次，主要是公安机关；复议机关法制机构负责人出庭19件次，占比54.29%，复议机关法制机构工作人员出庭11件次，占比32.98%。

（三）类案沿革

1. 立案释明从难到易

新《行政诉讼法》实施后，舟山中院即受理了6件复议机关为共同被告案件，但均出现错列共同被告情形。究其原因，一方面，部分“老信访户”不当行使诉权，凡是经过行政复议程序的，坚持以共同被告提起诉讼；另一方面，因行政诉讼立案登记制刚刚实施，对于原告不愿意接受立案释明的，立案部门倾向于先行立案。

到目前，立案部门能够主动承担释明责任，对于错列共同被告或者遗漏诉讼请求的，向起诉人口头释明或发送释明告知书，要求在期限内变更或补正，对于不予变更或补正的，裁定不予立案；对于级别管辖有误的，向起诉人释明由作出原行政行为的行政机关所在地法院管辖或直接移送；存在疑难情形的，主动与行政审判业务部门沟通，尊重行政审判业务部门意见，及时作出释明告知，为更好地审理该类案件把好第一道关。

2. 复议举证从繁至简

新《行政诉讼法》实施初期，作为共同被告的复议机关仍承袭其作单独被告时的举证、答辩、应诉“惯例”，就复议程序中的全部证据进行举证，唯恐因举证不力承担败诉责任，且在举证、答辩、应诉时仍以事实认定方面为主。

到目前，作共同被告的复议机关举证、答辩、应诉思路逐步清晰，对于原行政行为的合法性主要由作出原行政行为的行政机关承担举证责任，而复议机关主要对复议程序合法性进行举证；复议机关针对原行政行为合法性的举证、质证意见，一般以作出原行政行为的行政机关为准，权责明确。

3. 审理思路逐步清晰、裁判方式逐步成熟

三年来，经由个案审理逐步积累审判经验，类案审理思路逐步清晰、裁判方式逐步明确。从初期的审查原行政行为合法性和复议程序合法性“无差别对待”或“分而治之”，到目前根据原告方的诉讼请求不同，即对复议程序合法性是否存在异议，审查原行政行为合法性和复议程序合法性“主次有别”。对于一审法院偏重审查原行政行为合法性、未严格审查复议程序合法性的，二审法院依法予以纠正，指导基层法院完善类案审理、裁判。

另外，通过该类型案件的审理，法院也加强了对复议机关的监督和指导，对于在审理过程中发现的复议决定引用法律条文不具体明确、复议理由笼统不清晰等问题，在裁判文书中予以指正，促进复议机关进一步提高办理复议案件的质量。

二、剖析：行政复议机关为共同被告案件审理中发现的问题

（一）复议机关尚未成为解决行政争议的“主渠道”

根据相关数据统计，浙江省2016年受理行政复议案件7300件，行政应诉案件8473件，而全省法院新收一审行政案件1.12万件，复议诉讼收案数比率为1：1.5；舟山各级复议机关2016年新收复议案件76件，而舟山法院实际新收一审行政诉讼案件193件，复议诉讼收案数比率为1：2.5。对于一般行政案件，复议机关“敢于”作出撤销或确认违法决定，但对于重大行政案件，如房屋征收案件以及其他涉及群体性纠纷的案件，即使原行政行为明显存在程序违法情形，复议机关对于作出撤销或确认违法决定仍存有“畏难”情绪，难以体现行政复议解决行政争议的“主渠道”作用。

（二）复议案件办理质量有待继续提高

在目前舟山法院审理的复议机关为共同被告案件中，多由县区级

以上政府，以及国土、公安等配有专门法制机构的行政机关作为共同被告，对于复议案件的审理相对较为规范。但也发现存在一定问题，如部分行政复议机关在作出复议决定时存在引用法律条文不严谨、未区分不同复议申请主体及不同复议请求而一并立案受理、“一行为多案”即对不同申请人就同一行政行为提出的复议申请均予受理、复议决定告知起诉期限及管辖法院不当等问

题，有待于进一步完善复议案件审理程序、规范复议决定文书制作。

（三）涉信访纠纷以不同形式“回流”

当前信访改革强调法定途径优先，但部分信访答复无论是否涉及复议、诉讼事项，在文末均告知可进行复议、诉讼。因复议案件立案审查期限较短，进行审查、释明需要一定的时间，复议机关倾向于受理后再作出驳回复议申请决定；而对于已经作出复议决定的，法院立案部门多倾向于受理，就导致部分涉信访纠纷又回流法院，使得法院将大量精力无端耗费在释明工作上，即使受理后也多因超过起诉期限或重复处理作出程序处理，对于纠纷的化解并无实益。

三、溯源：行政复议机关为共同被告制度的理论基础

（一）“原处分主义”理论

以德国为代表的大陆法系通行的“原行政行为与复议决定的统一性原则”（德国行政法院法第79条第1款第1项规定，撤销之诉的审查对象是“以复议决定的形式体现出来的原行政行为”，换言之，作为撤销之诉主要审查对象的原行政行为，是已经经过复议决定修正的原行政行为）。在我国台湾地区，这一原则又被称为“原处分主义”，即“指原告对于行政处分不服者，应就行政处分提起撤销诉讼，不得就诉愿决定提起撤销诉讼；原处分之违法，仅得于原处分之撤销诉讼中主张，不得于裁决之撤销诉讼中主张。”应该说，在将原行政行为与复议决定视为整体这一点，德国的统一性原则体现得更为彻底。但是，我国台湾地区的模式更契合现行《行政诉讼法》及《适用解释》的规定。①

现行《行政诉讼法》第七十九条规定，复议机关与作出原行政行为的行政机关为共同被告的案件，人民法院应当对复议决定和原行政行为一并作出裁判；《适用解释》第九、十条关于行政复议机关为共同被告案件的审理和裁判作出了更加具体的规定。如在事实认定方面，原行政行为和复议决定认定的事实基本相同的，主要审查原行政行为认定的事实是否成立；对于复议决定未改变处理结果但是改变原行政行为的事实认定或者有新的事实认定的，则审查复

① 参见赵大光、李广宇、龙非：《复议机关作共同被告案件的审查对象问题研究》，载《法律适用》2015年第8期，第77~81页。

议决定改变后或者新认定的事实是否成立；在裁判方式方面，原则上保持对原行政行为与复议决定的裁判方式的一致性，司法实践中常见的是一并驳回诉讼请求、一并撤销以及一并确认违法；但在经审查认为原行政行为合法但复议决定程序违法的情形中，可判决确认复议决定程序违法但驳回其他诉讼请求。上述审理思路和裁判方式的确立，可以体现出“原处分主义”理论的基本要旨，也更有利于从源头上解决行政争议。

（二）公共选择理论

公共选择理论以微观经济学的基本假设（尤其是理性人假设）、原理和方法作为分析工具，来研究和刻画政治市场上的主体的行为和政治市场的运行。[①] 根据该理论分析复议机关作共同被告制度，至少可能引发两方面的风险：第一，行政复议机关是否会为了避免当被告而拒绝受理案件；第二，行政复议机关是否会因为共同被告制度而更倾向于维持原行政行为，也就是“抓垫背的”，避免因为改变行政行为而在诉讼中“单打独斗”。为了避免上述两种风险的发生，最根本的途径是强化行政复议解决行政争议的功能，促使行政复议成为行政争议解决的主渠道。[②]

（三）行政诉讼类型化理论

行政诉讼类型是在行政诉权分类的基础上，对行政诉讼中具有相同诉讼构成要件，适用相同审理规则和方式，以及法院的裁决权限基本相同的诉讼所进行的归类。[③] 在司法实践中建立行政诉讼类型化思维，能够在审查起诉条件、统一审理规则、规范程序设置、完善裁判方式等方面优化行政审判权的运行，同时，对全面保障行政诉权、有效解决行政争议、实现诉讼经济也具有重要作用。根据原行政行为和复议行为的裁判方式“基本一致、适当分离”的原则，根据原行政行为的行政诉讼类型划分，相应的复议决定经合法性审查，以形成类判决和确认类判决为主。

① 方福前：《当代西方公共选择理论及其三个学派》，载《教学与研究》1997年第10期，第31～36页。

② 参见王敬波：《基于公共选择理论分析〈行政诉讼法〉的修改》，载《法学杂志》2015年第3期，第34～41页。

③ 吴华：《行政诉讼类型研究》，中国政法大学2003年博士论文，第18页。

四、研判：审理行政复议机关为共同被告案件疑难问题初解

（一）复议机关为共同被告的案件范围

目前，复议机关为共同被告的案件范围较为清晰，但司法实践中仍存在需要甄别是否属于共同被告的情形，如原行政机关和复议机关均不作为，同时起诉原行政机关和复议机关的，是否成立行政复议机关共同被告案件？在此情形下，因行政复议机关实际并未履行对原行政机关的监督职责，按照现行《行政诉讼法》制度设计，应向起诉人释明选择原行政机关或复议机关作为单独被告起诉，如起诉人坚持不选择的，从诉讼经济的角度，复议机关消极不作为并未对原行政行为产生任何影响，故基础争议仍在于原行政行为，应以原行政行为为诉讼标的，列原行政机关为被告。但如果经审查存在恶意诉讼及滥诉情形，或经法院释明拒绝变更的，可以裁定不予立案。

（二）特殊复议机关共同被告的确定

以舟山中院审理的税务行政处理及行政复议案①为例，该案原行政机关是舟山市地方税务局稽查局，复议机关为舟山市人民政府。根据《税务行政复议规则》第十九条第二款规定，对于稽查局作出的行为，向所属税务机关申请复议；而行政复议法规定，当事人对于行政机关作出的行政行为，可以选择向上一级行政机关和同级人民政府申请复议。因地税系统同时受上级机关和同级人民政府双重领导，对于舟山市人民政府是否具有行政复议管辖资格，产生了争议。该案经审理认为，《税务行政复议规则》强调按照内部层级规定，当事人有权向稽查局所属的税务机关进行复议，但也并未否定可以向同级人民政府申请复议；且按照行政复议法相关规定，赋予行政相对人对于复议机关的选择权是原则，限定复议管辖机关需要有法律法规的特别规定。对此，《浙江省地方税务局关于贯彻实施国家税务总局〈税务行政复议规则〉有关问题的通知》和浙江省人民政府行政复议办公室《关于重申省以下实行垂直领导的部门作出的具体行政行为的复议管辖问题的通知》（浙府复［2007］2号）明确了按照行政复议法及实施条例的相关精神，保障复议申请人的复议机关选择权。故对于受双重领导的行政机关，

① 详见舟山市中级人民法院（2016）浙09行终37号二审行政判决书，舟山市定海区人民法院（2016）浙0902行初12号一审行政判决书。

原则上同级人民政府具有行政复议管辖权。

（三）复议、诉讼程序衔接问题

对于行政复议机关为共同被告案件，起诉期限是适用作出原行政行为之日起六个月的起诉期限，还是适用作出复议决定后15日的起诉期限，存在一定争议。一般认为，因行政相对人已经先行选择了复议程序，经复议维持后起诉，应在作出复议决定后15日内提起行政诉讼，且因行政复议期间经过，多数情况下已超过原行政行为的起诉期限。

关于复议和诉讼程序的衔接问题，复议机关为共同被告制度设计引发的新情况是，经过复议维持的案件，诉讼中应列原行政机关和复议机关为共同被告；如复议机关以超过复议申请期限为由作出不予受理或者驳回申请决定的案件，只能择一列为被告。对于房屋征收等多原告案件，如先起诉的部分原告系已申请复议维持后再行起诉，其他原告系对同一原行政行为不服但未经复议直接起诉的，对于后起诉的该部分原告，因列为共同原告存在障碍，可依职权追加为前案第三人，或者另案受理后中止后案，待前案作出生效裁判后恢复审理。

（四）行政机关负责人出庭应诉问题

根据舟山法院三年来的实践，在行政复议机关为共同被告案件中，复议机关通常委派复议机构工作人员出庭应诉，其优点在于，复议机构人员相对固定，且直接承办复议案件，对于原行政行为和复议程序均较为熟悉，能更好地履行应诉义务；且以县区以上政府、省级以上行政机关作为行政复议机关共同被告的，要求由复议机关负责人均出庭应诉，难度比较大。因在行政机关负责人出庭应诉统计时，以一个案件为统计单位，故在该类型案件中，如有原行政机关负责人出庭应诉，即统计为该案件符合出庭应诉要求。鉴于该类型案件的实质争议在于原行政行为合法性，结合复议机关工作实际情况和司法实践，对于此类案件，由复议机关法制部门负责人出庭应诉的，可以视为符合负责人出庭应诉要求。如需系统反映该类案件出庭应诉情况，可另行单独统计并设置相应的考核要求。

（五）行政复议机关为共同被告案件的举证规则

根据舟山法院的司法实践，对于原行政行为的合法性，一般由作出原行政行为的行政机关承担举证责任；复议机关在行政复议程序中收集了新的证据改变了事实认定的，对此承担举证责任；复议机关主要对复议程序的合法性承担举证责任。复议机关针对行政程序合法性进行举证、答辩时，建议进行要点式答辩，主要陈述复议程序各节点并提供相应证据，以提高庭审效率。其重点包括：行政复议的受理（是否符合受理条件、收件时间、是否告知补正、补正后受理时间）、是否追加必要的第三人、通知答复的时间、是否告知听证及组织听证、延长审理期限是否经过内部审批、重大案件是否经过集体讨论、作出复议决定是否经过复议机关负责人审批、复议决定的送达方式及送达时间（邮寄送达的交邮时间和送达当事人时间）等。

（六）行政复议机关为共同被告案件的审理程序

审理行政复议机关为共同被告案件，主要存在两种模式，一是分别举证、分别审理，即先审查原行政行为合法性，再审查复议行为程序合法性；二是对原行政行为和复议行为一并举证、一并审理。如何优化审理程序、提高庭审质量和效率，需要结合不同的案情，进行探索和完善。如原告对复议程序合法性没有异议的，庭审中重点审查原行政行为合法性，复议程序合法性可以书面审查为主；如复议机关改变了原行政行为的事实认定的，根据案件的不同情形，对于复议机关新的事实认定重点进行审查；如原告对行政复议程序合法性明确持有异议的，应将此作为审理重点之一予以审查。

（七）行政复议机关为共同被告案件的裁判方式

对于复议机关为共同被告案件的裁判方式，《行政诉讼法》《适用解释》以及《行政诉讼文书样式》的规定已较为明确，其中需要注意的是，虽然行政诉讼文书样式中对于原行政行为与复议决定裁判方式一致的，主文表述列为同一判项，如判决一并驳回诉请；但根据司法实践，建议在裁判主文中分项表述，为二审裁判方式的正确适用提供便利。

另外，原告起诉原行政行为不符合起诉条件的，对于复议行为如何裁判？复议申请人即行政诉讼原告与被诉行政行为是否具有利害关系，复议、诉讼的判断标准应当是统一的，如经法院审查认为起诉人不符合原告主体资格应裁定驳回起诉，实际上复议机关也应当从程序上驳回其复议申请，而不是作出实体复议决定。但基于“原处分主义”理论，行政复议机关为共同被告案件中，复议决定附随于原行政行为，对于原行政行为经审查认为不符合起诉条件而驳回起诉的，对相应复议决定的起诉一并予以驳回，较为妥当。

（八）共同被告败诉案件的诉讼费用负担

该问题同时涉及到如何认定败诉责任及责任分配问题。对于原行政行为与复议决定裁判方式一致的，可在裁判文书中载明由原行政机关和复议机关共同承担诉讼费用，具体费用承担比例自行协商解决。对于原行政行为合法但复议行为程序违法的，与一般的行政机关败诉案件有所区别，复议决定程序违法未影响行政相对人的实体权益，原告也应负担部分诉讼费用，撤销复议决定或者确认复议决定程序违法的，可判决复议机关承担20%～50%的诉讼费用。对于确认原行政行为无效、不作为违法、不当履行法定职责或者需要变更的，同时撤销复议决定的，可视具体案情确定诉讼费用的负担，可以载明由原行政机关和复议机关共同承担诉讼费用，也可以分别载明原行政机关和复议机关各自承担的诉讼费用，在此情况下，原行政机关承担的诉讼费用一般应高于复议机关。

（九）共同被告的行政赔偿责任分配

对于原行政行为与复议行为均违法引发行政赔偿责任的，以及确认原行政行为无效、不作为违法、不当履行法定职责或者需要变更的且同时撤销复议决定的，可在裁判文书中载明由原行政机关和复议机关共同承担赔偿责任，具体各自承担的赔偿责任比例可由两者自行协商解决。其中，因复议程序期间的经过，必然导致损失的扩大，但这也是行政相对人先行选择复议救济程序的必然结果，故复议机关承担的责任比例不应高于原行政机关，以不超过30%为宜。对于原行政行为合法，但复议决定程序违法的，一般不会对行政相对人的实体权益产生影响，复议机关一般不承担赔偿责任。

（十）规范性文件的适用和附带性审查问题

行政相对人在复议和诉讼程序中均可要求规范性文件附带审查，复议机关对于规范性文件的审查和处理更为便利和有效，但法院作为外部监督机构，对于规范性文件的审查标准一般更为严格。如复议机关和法院对于同一规范性文件的审查意见存在对立观点，应当遵循司法最终确认原则。对于原行政行为适用依据错误而复议机关未予审查的，法院可判决一并撤销复议决定或者确认违法；复议机关改变原行政行为适用依据错误，但是未改变处理结果的，法院可视情撤销复议决定。法院在对规范性文件进行附带审查时，可就复议机关对该规范性文件的审查理由和结果是否成立进行判断并说明理由，并按照《行政诉讼法》的相关规定作出处理。

五、完善：加强复议诉讼衔接，合力化解行政争议

与立法权、司法权相比，行政权更为主动，也更为复杂。现行《行政诉讼法》通过确立行政复议机关为共同被告制度，促使行政复议成为解决行政争议的“主渠道”，推动行政复议与行政诉讼共同发挥解决行政争议、监督行政机关依法行政和救济行政相对人合法权益的制度价值。

（一）加快推进行政复议体制改革

行政复议体制改革是当前推动《行政复议法》修改的核心问题。结合《行政诉讼法》关于行政复议机关为共同被告的制度设计以及我省的行政复议体制改革实践，推广在同级人民政府之下设立相对独立的行政复议局或行政复议委员会，改革目前“多头复议”格局，与我省法院跨行政区划集中管辖行政案件改革相呼应，促进行政复议和行政诉讼共同发挥对行政机关的监督职责。目前，舟山地区正积极推进行政复议体制改革，市本级建立统一的行政复议机构，统一受理市本级行政复议案件，形成职业化、专业化的行政复议队伍，改变“多头复议”造成行政复议案件质量参差不齐、复议机构人员少、力量弱、分散不足等情形，提高解决行政争议的能力和水平，加快推进法治政府建设。

（二）以“依法复议”推动“依法行政”

通过法院审理行政复议机关为共同被告案件，复议机关法制机构负责人及工作人员出庭应诉，客观上必然增加复议机关工作量，导致应诉压力；但反言之，必然会促成各行政机关复议人员向政府法制部门集中，提高法制机构在政府序列中的地位。同时，这既便于增加复议机关工作人员的责任感，倒逼复议机关工作人员更加熟悉和精通法律规定，更加准确地认定事实，更加审慎地尊重程序。[①] 出庭应诉经验的积累，必然促进诉讼能力的提高、诉讼技巧的优化，更加熟悉司法审查思路和标准，形成对行政行为合法性审查标准的共识，

① 耿宝建：《行政复议法修改展望》，法律出版社2016年版，第145页。

在提高复议案件办理质量的同时，提高复议审查标准和司法裁判标准的统一度，以“依法复议”推动“依法行政”，促使复议机构成为推动政府法治建设的主力军。

（三）完善行政复议与行政诉讼衔接

完善行政复议与行政诉讼的衔接，不能割裂地考察行政复议与行政诉讼制度，而应当站在共同预防和化解行政争议的角度分析，强化行政复议在行政程序内部灵活解决纠纷的功能，提高行政诉讼司法外部监督救济的价值，形成公正、高效、便捷、经济的多元化矛盾纠纷化解机制。一是借鉴行政诉讼制度优势和经验，优化行政复议程序。借鉴行政诉讼公开审理原则，改革行政复议书面审理模式，对于普通案件以组织听证为原则，对于简易案件可灵活采取审理方式，提高行政复议件的审理质量和效率。二是统一受案范围和主体资格审查标准，防止滥用复议诉讼权利。统一行政复议申请人和行政诉讼原告资格审查标准，一方面，合法保护行政相对人寻求法定救济的权利；另一方面，共同规制打击滥用诉权（复议权）、恶意诉讼（复议）行为，防止滥用行政资源和司法资源。三是畅通复议诉讼沟通渠道，合力化解行政争议。结合舟山法院实践，通过府院联席会议、府院常态会商机制、行政复议与行政审判联席会议等形式，畅通复议诉讼沟通渠道，统一行政复议与行政诉讼的合法性审查标准、优化合理性审查标准，推动行政争议的共同预防、协同调处和实质性化解。

[新类型疑难案例选评]

金某与王某民间借贷纠纷执行复议案

潘勇锋*

唯有执行依据明确才能据以执行，现行司法解释中明确规定当事人申请人民法院执行的生效法律文书应当具有明确的权利义务主体与给付内容。然而，执行实践中，有相当数量的生效法律文书执行内容不明确，而司法解释中虽提出了执行依据应当明确的要求，却没有规定立案后执行过程中发现执行依据不明确时应如何处理，造成了各地法院做法上的不统一：有的法院在执行程序中发现执行依据不明确的一概不予执行；有的法院则在执行程序中根据自己对执行依据的理解加大力度或变通执行。这种状况长期持续，难免造成一定程度的混乱，引发当事人的不满。下面这一则案例中，执行依据要求义务人交付选矿厂及矿石，却没有载明该选矿厂足够的特定信息，造成了双方当事人理解不一致。该案例涉及执行过程中发现执行依据不明确应当如何处理以及复议裁定的处理程序等问题，进行探讨对于解决执行实践中的难题具有一定参考价值。

[基本案情]

王某与金某借款合同纠纷一案，法院于2011年9月22日作出民事调解书，内容为：一、由被告金某退还原告王某股金400万元，于调解书生效之日给付200万元，同时，原告王某申请解除诉前财产保全；剩余200万元于2011

---

* 最高人民法院法官。

年10月10日付清，如不能按时付清，则金鹿矿业公司的探矿权证及财产全部归原告王某。二、双方于2010年3月30日签订的股权转让合同、同日又签订的选矿合作合同、2010年4月14日签订的股权转让合同补充协议、2010年5月16日签订的协议均宣布作废，双方的合作事宜解除。三、双方探矿合作中所欠工人工资由原告王某负责清偿。四、高某的问题由原告王某负责处理。五、选矿厂及采挖出的矿石归属于原告王某。因调解书的部分内容没有履行，2011年10月19日王某向法院申请执行调解书中的第五项内容。

执行过程中，执行法院裁定查封了金某与韩某合伙经营选矿厂及采挖出的矿石。金某提出执行异议，认为执行裁定查封金某与韩某合伙经营的选矿厂及采挖出的矿石属于执行标的错误，申请解除对金某与韩某合伙经营选矿厂及采挖出矿石的查封。

[异议审查意见]

执行法院对该异议审查后认为，2011年11月9日，执行法院查封了金某与韩某投资的金某选矿厂。作为执行依据的调解书中，已经对于诉讼保全的内容作出了约定：王某申请解除诉前财产保全，该保全的内容查封了金某在金某选矿厂的股份，而且王某也做了解除申请。据此，可以认定该调解书中第五项内容所约定的选矿厂并不是金某选矿厂。而金某选矿厂则是由金某与韩某合伙经营的选矿厂，而在上述调解案件中，韩某并不是案件的当事人。现案件的被执行人为金某，而查封的是金某与韩某合伙经营的金某选矿厂及采挖出的矿石，属于执行措施不当，异议人提出的理由成立，应当纠正。该院依照《中华人民共和国民事诉讼法》（2007年修正，以下简称民事诉讼法）第二百零二条和《最高人民法院关于适用〈中华人民共和国民事诉讼法〉执行程序若干问题的解释》（以下简称《执行程序解释》）第五条的规定，裁定撤销了原查封裁定。王某不服上述裁定，向上级法院申请复议，请求撤销该异议裁定。

[复议审查意见]

复议法院经审查认为，异议裁定依据金某提供的合作协议即认定2010年3月3日包头市达茂旗金鹿矿业有限责任公司（金某）与包头市宇工贸有限公司（韩某）签订的共同合作建选矿厂的协议生效，同时认定双方各持50%的股权。而从工商档案中反映，金某选矿厂是个体经营，经营者金某，并不是股份制。所以该认定缺乏事实和法律依据，程序违法。异议裁定还认为，在调解中已经对诉讼保全的内容作出了约定，王某申请解除对金某在金某选矿厂股份的查封，所以调解书第五项内容约定的选矿厂不是金某选矿厂。这种推定同样缺乏事实和法律依据。综上，复议法院认为异议裁定认定事实不清，程序违法，王某的复议理由成立。依据民事诉讼法（2007 年修正）第二百零二条与《执行程序解释》第八条、第九条规定，裁定撤销了异议裁定。

金某不服复议裁定，向上一级人民法院申诉，请求撤销复议裁定及查封裁定。

［申诉与答辩意见］

金某的申诉主要理由为：第一，原查封裁定没有任何执行依据和法律依据，是完全错误的。1、执行依据民事调解书第五项内容中确定的选矿厂和执行中查封的选矿厂不是同一选矿厂。对金某和案外人韩某合作建设的选矿厂予以执行缺乏事实依据。金某所投资的选矿厂有两处：一处为金某与韩某合作建设的“金某选矿厂”（该选矿厂已在相关部门进行登记）；一处为金某与王某约定投资新建的选矿厂，由于未完全建成，所以没有登记领取营业执照。执行法院查封的选矿厂的名称为“金某选矿厂”，是金某于 2009 年 4 月 5 日向他人购买，并于 2010 年和韩某共同投资扩建后开始经营的。该选矿厂与王某无任何关系。调解书第五条所指的选矿厂，是金某与王某签订的一系列协议书约定的“新建的选铁粉厂”。该新建的选矿厂具体位置位于“金某选矿厂”南约 300 米处。调解书生效后，该选矿厂及场地中堆放的采挖出的矿石已由王某全部接收。金某不存在不履行调解书确定的义务的情形。查封金某和韩某合作建设的选矿厂是完全错误的。2、王某申请执行生效民事调解书第五项内容不具备立案条件，执行法院予以立案执行并做出查封裁定缺乏执行依据和法律依据。金某全面履行了生效调解书确定的给付义务，在这种情况下予以立案，明显缺乏执行依据。本案不符合《最高人民法院关于人民法院执行若干问题的规定》（以下简称《执行规定》）第 18 条和《最高人民法院关于适用〈中华人民共和国民事诉讼法〉的解释》（以下简称《民事诉讼法解释》）第四百六十三条规定的受理执行案件的条件。首先，本案生效民事调解书第五项涉及的执行标的不明确，人民法院只有在确认并明确具体的给付内容后，方可执行。其次，民事调解书第五项不具备给付内容，只是确认了选矿厂及采挖出的矿石的归属问题。确认之判不具给付内容不予执行。再次，金某已全部履行了义务，金某和王某合作的选矿厂及采挖出的矿石已由王某实际行使所有权予以接收。

第二，复议裁定程序违法，未查清事实，剥夺了金某的合法权益。1、违反法定程序：王某提起复议申请后，法院没有向金某送达复议申请书，未通知金某举证答辩，剥夺了金某的举证和答辩的权利。2、该复议裁定没有查清事实。复议裁定是以“认定事实不清，程序违法”为由支持了王某的复议理由，该裁定书没有查清事实，也没有发回重新审查。3、金某提起异议的问题是否成立并没有解决，该执行裁定剥夺了金某的申诉权利。执行依据民事调解书是金某和王某的真实意思表示，调解书约定的选矿厂是金某和王某合作建设的选矿厂，而不是金某和韩某合作的已建成的选矿厂。将金某和韩某合建选矿厂做为执行标的缺乏事实依据、执行依据和法律依据，复议裁定违反法定程序，没有查清事实并且剥夺了金某的权利。

王某答辩认为：金某的执行异议申请无事实和法律依据，请求人民法院驳回金某全部异议请求。第一，金某申请撤销查封裁定的理由与事实不符，且错误援引相关法律规定，其目的是为了逃避法律责任。1、王某与金某在本案生效调解书中涉及的选矿厂就是经工商部门登记的金某选矿厂。2、本执行案件权利义务主体明确，执行标的也明确，就是指金某选矿厂。3、本案生效调解书第五项给付内容明确。4、金某从未将任何选矿厂交付给王某，直至目前仍未履行调解书第五项的内容。查封裁定认定事实清楚，适用法律正确，不应将该裁定撤销。第二，复议裁定认定事实清楚，适用法律正确，不应予以撤销。1、复议过程中法院没有违反法定程序。相关法律与司法解释没有要求复议案件需要向被申请人送达复议申请，也没有要求必须通知被申请人举证答辩。相关规定仅要求审查复议申请时应当组成合议庭进行审查，对审查程序没有作出强制性规定。金某认为复议审查时法院剥夺其举证和答辩的权利的主张没有法律依据。2、复议裁定符合《最高人民法院关于执行案件立案、结案若干问题的意见》第二十五条第三项“撤销或变更异议裁定，即异议裁定认定事实错误或者适用法律错误，复议理由成立的”之规定，且上述规范性文件2015年1月1日起才正式施行，复议裁定于2012年形成，按照法理中“法不溯及既往”的原则，金某的申诉理由不成立。本案目前各级人民法院出具的所有法律文书，其实都是基于王某与金某的债权债务纠纷一案而出具的，王某对金某享有1000万元的债权是最基本的事实，请求法院驳回金某全部再审请求，保障王某的合法权益。

［申诉程序查明的事实及处理意见］

人民法院受理申诉后，经审查，除确认复议裁定查明的内容外，又查明：2011年11月9日，执行法院作出（2011）鄂中法执字第185号执行通知书，责令金某自通知书送达之日起五日内向王某移交选矿厂及采挖出的矿石。同日，该执行通知书留置送达。

法院经审查认为，关于本案生效调解书第五项是否具有给付内容的问题。金某与王某在协议中约定“选矿厂及采挖出的矿石归属于原告王某”，选矿厂与矿石的所有权并不因该约定而直接移转，王某此时享有的只是债权而不是物权。因此，当事人的真实意思可以明确为是将采挖出的矿石交付王某，将选矿厂交付王某实际占有控制并办理相应的权属变更登记。这种情况下如果要求王某必须另行提起交付选矿厂及矿石的给付之诉，取得生效法律文书后才能申请强制执行则徒增当事人讼累。执行法院在执行程序中将生效调解书第五项内容确认为金某向王某移交选矿厂及采挖出的矿石，从而使其具有执行力，既不违反当事人真实意思表示，也有利于减轻当事人讼累，并无不妥。金某关于本案生效民事调解书第五项不具备给付内容，应当不予执行的申诉理由，不予支持。

关于本案执行依据是否明确的问题。生效调解书没有指明该选矿厂及矿石的特定信息，双方当事人对执行依据指向的特定物也存在严重分歧，显属执行依据给付内容不明确。已经受理的执行案件，发现执行依据内容不明确的，执行机构在执行程序中可以结合执行依据文义，审查确定其具体给付内容。执行程序中无法确定给付内容的，则应当提请生效法律文书的作出机构结合案件审理期间查明的情况，对不明确的执行内容予以补正或者进行解释说明。

关于本案的审查程序问题。本案中的主要事实尚未查清，即生效调解书第五项中选矿厂及矿石的具体指向尚不明确，需要继续查清事实或提请生效法律文书的作出机构进行补正或解释说明，明确本案执行依据内容。从程序上看，撤销异议裁定只是撤销了该异议案件的处理结果，而金某提出的异议申请已经被法院受理审查，但尚未处理。申诉人金某关于本案事实没有查清、其提起的异议是否成立没有解决的申诉理由成立，应予支持。

最终依据民事诉讼法第一百五十四条、《执行规定》第一百二十九条之规定，裁定变更复议裁定为：撤销异议裁定，本案发回重审。

[评析]

执行程序中如何处理执行依据不明确的问题

——一起执行申诉案件的案例分析

本案例中涉及的焦点问题主要为执行程序中发现执行依据不明确应当如何处理的问题，此外，案件中还涉及到复议裁定的审查处理程序问题，都具有典型意义。分析如下：

（一）关于生效调解书第五项是否具有给付内容的问题

生效法律文书的执行力，是指在债务人不履行义务的情况下，债权人依法申请人民法院强制执行，迫使债务人履行的效力。生效法律文书产生执行力必须要有给付内容。本案执行依据为生效民事调解书第五项，具体内容为“选矿厂及采挖出的矿石归属于原告王某”，应为确认某种法律关系存在或不存在的确认之诉的法律文书。按照大陆法系民事执行法理论，确认之诉的法律文书一般无给付内容，原则上不具执行性。然而，从我国执行实践来看，确认之诉并非一概不承认其执行力。为减轻当事人的诉累，对于确认之诉，执行程序中如果能确认具体的执行内容，一般将其作为给付之诉给予其相应的执行力。

本案中，金某与王某在调解协议中协商约定“选矿厂及采挖出的矿石归属于原告王某”，当事人虽有即时转移所有权的意思表示，但根据我国物权法的基本原则，在当事人完成不动产所有权的过户登记或动产交付前，所有权并不转移，故王某此时享有的只是债权而不是物权。因此，调解书第五项的真实意思可以明确为是将采挖出的矿石交付王某，将选矿厂交付王某实际占有控制并办理相应的权属变更登记。这种情况下如果要求王某必须另行提起交付选矿厂及矿石的给付之诉，取得生效法律文书后才能申请强制执行则徒增当事人讼累。执行法院在执行程序中将生效调解书第五项内容确认为金某向王某移交选矿厂及采挖出的矿石，从而使其具有执行力，既不违反当事人真实意思表示，也有利于减轻当事人讼累，并无不妥。有鉴于此，认为本案执行依据具有执行力并无不当。

（二）关于执行依据不明确，应当如何处理的问题

生效法律文书产生执行力还要求文书界定权利义务的内容要具体、明确，给付的范围要明确。《民事诉讼法解释》第四百六十三条第一款明确规定，“当事人申请人民法院执行的生效法律文书应当具备下列条件：（一）权利义务主体明确；（二）给付内容明确。”对于给付内容不明确的法律文书，一概不予执行或按照自己的理解“创造性”的加大力度执行，都容易引起一方甚至双方当事人的不满。

交付特定物的案件，法律文书中应当载明特定物的名称、数量、规格等信息，以使该特定物区别于其他物。本案中调解书第五项载明交付的是“选矿厂及采挖出的矿石”，没有指明该选矿厂及矿石的特定信息，导致双方当事人对执行依据指向的特定物发生严重争议。对于这种给付内容不明确的执行依据，已经裁定受理了应该如何处理的问题，执行实践中一直在积极探索：可以告知当事人向作出文书的法院或其他机构，以裁定等方式对不明确的执行内容予以补正或者说明；可以与作出执行依据的法院或者其他机构进行沟通，尽量结合案件审理期间查明的情况，明确执行依据内容。但无论何种情况下，执行的首要前提是明确执行依据，如果通过各种途径依然不能明确执行依据的给付内容，则应当裁定驳回执行申请。

本案裁定之后，2018 年 3 月 1 日起施行的《最高人民法院关于人民法院办理仲裁裁决执行案件若干问题的规定》中针对执行依据为仲裁裁决，内容不明确的问题规定了执行内容不明确具体的仲裁裁决应首先通过补正等方式解

决，经补正等方式仍无法明确执行内容的，人民法院可以裁定驳回执行申请。①

（三）对特定物执行的过程中，原物不存在时能否折价赔偿的问题

本案是交付特定物的执行，作为特定物的执行，如果为动产，应当将该动产交付申请执行人；如果为不动产或其他需要办理权属登记的财产，则应当将实物交付申请执行人占有，同时应办理权属变更手续。如果原物执行不能时，应当如何执行?《最高人民法院关于适用〈中华人民共和国民事诉讼法〉若干问题的意见》第284条规定："执行的标的物为特定物的，应执行原物。原物确已不存在的，可折价赔偿。"《执行规定》第57条对此进一步明确，规定："生效法律文书确定被执行人交付特定标的物的，应当执行原物。原物被隐匿或非法转移的，人民法院有权责令其交出。原物确已变质、损坏或灭失的，应当裁定折价赔偿或按标的物的价值强制执行被执行人的其他财产。"但折价赔偿的数额涉及实体法上的判断，执行机关事实上难以估算，实践中不易操作，因此《民事诉讼法解释》变更为除非当事人达成一致，否则应该终结执行，当事人另诉解决赔偿问题。该解释第四百九十四条规定："执行标的物为特定物的，应当执行原物。原物确已毁损或者灭失的，经双方当事人同意，可以折价赔偿。双方当事人对折价赔偿不能协商一致的，人民法院应当终结执行程序。申请执行人可以另行起诉。"

本案的执行是交付特定物选矿厂及矿石，执行过程中应当慎重确认是否"原物确已毁损或者灭失"。如果审查后确定该特定物确已经灭失，包括法律上的灭失，则应当按照《民事诉讼法解释》第四百九十四条的规定处理。司

① 该司法解释第3条规定："仲裁裁决或者仲裁调解书执行内容具有下列情形之一导致无法执行的，人民法院可以裁定驳回执行申请；导致部分无法执行的，可以裁定驳回该部分的执行申请；导致部分无法执行且该部分与其他部分不可分的，可以裁定驳回执行申请。（一）权利义务主体不明确；（二）金钱给付具体数额不明确或者计算方法不明确导致无法计算出具体数额；（三）交付的特定物不明确或者无法确定；（四）行为履行的标准、对象、范围不明确。仲裁裁决或者仲裁调解书仅确定继续履行合同，但对继续履行的权利义务，以及履行的方式、期限等具体内容不明确，导致无法执行的，依照前款规定处理。"该司法解释第4条规定："对仲裁裁决主文或者仲裁调解书中的文字、计算错误以及仲裁庭已经认定但在裁决主文中遗漏的事项，可以补正或说明的，人民法院应当书面告知仲裁庭补正或说明，或者向仲裁机构调阅仲裁案卷查明。仲裁庭不补正也不说明，且人民法院调阅仲裁案卷后执行内容仍然不明确具体无法执行的，可以裁定驳回执行申请。"

法实践中，执行法院对这类案件往往倾向于积极促成当事人达成执行和解。这有利于促成债权实现，保障债权人的合法权益，但是需要注意的是，当事人在执行过程中达成的和解协议，一方不履行的，人民法院不能强制执行和解协议。

（四）关于复议裁定的处理程序问题

本案中，复议裁定以认定事实不清，程序违法为由撤销了异议裁定，但对异议裁定撤销的查封裁定的效力却没有发表意见，也没有对金某提出的执行异议申请作出处理。而执行法院之后也没有通过引导当事人通过诉讼程序或者其他合理程序由生效调解书的作出机构对执行依据内容予以明确，而是理解为撤销了异议裁定就应当继续执行本案争议的金某选矿厂。事实上，调解书第五项中的选矿厂到底是指哪一个选矿厂这一问题至今尚未明确。

复议裁定以认定事实不清为由撤销了原异议裁定，本身也没有对事实进行审查，说明本案中的主要事实尚未查清，即本案争议的金某选矿厂是否就是调解书第五项中所指的选矿厂，实际是不明确的。而撤销异议裁定只是撤销了异议案件的处理结果，从程序上看，金某提出的异议申请已经被法院受理审查，该异议案件依然客观存在，目前尚未有处理结果。因此，本案中复议裁定在处理程序上存在错误，其不应当仅仅撤销异议裁定，而是应当撤销后将案件发回执行法院重新审查处理；或者由复议法院在复议程序中查清事实后，如能确认调解书第五项所指的选矿厂与矿石就是本案争议的金某选矿厂及矿石，则可以直接撤销异议裁定，维持查封裁定，驳回金某提出的异议请求。

针对本案目前异议裁定已经被撤销的状态，执行监督程序中，最终通过监督裁定变更了复议裁定主文，将其变更为撤销异议裁定，发回重审，理顺了本案的审查程序。理顺审查程序，保障当事人的应有的纠纷救济途径是一个重要问题，且带有一定普遍性，应当引起重视。

《最新法律文件解读》丛书
稿　约

《最新法律文件解读》是一套以为最新法律规范提供同步"解读"为主的系列丛书,分为刑事、民事、商事、行政与执行4个分册,按月出版。

本丛书以"解读"为重点,突出全、专、新、快、准等特点,通过对最新出台的法律、法规、司法解释、部门规章以及重要地方性法规进行同步动态解读,弥补了法律、法规、司法解释汇编类出版物没有同步阐释、解读内容的不足,为广大读者学习理解最新法律规范,正确贯彻执行法律文件,及时解决实践中的新情况、新问题,提供一个全方位、多层面的法律信息平台。

欢迎您向以下栏目赐稿:

【最新法律文件解读】主要是对最新颁行的法律文件进行解读,帮助司法和执法人员正确理解法律文件的立法背景、意义、重点内容、在适用中应注意的问题、与相关法律文件的衔接与互动关系等等。

【司法实务问题研究】主要刊登对司法理论、实务及司法管理工作中的热点、疑难问题进行研究及评论的文章。

【新类型疑难案例选评】主要是对司法和行政执法实践中具有典型性和代表性的疑难案例,结合具体案情以及审理或处理结果进行简练精辟的点评,解析认识问题的方法、处理问题的法律依据和在个案中的具体适用。

【法学前沿与新视点】以摘要的形式刊登相关法学理论研究的最新动态及具有代表性和典型性的前沿问题,扩展法学研究的深度和广度。

【法律适用问题解答】主要针对司法和行政执法实践中面临的新问题、热点问题、疑难问题进行简要的解答,指出涉及的法律关系,明确法律适用依据。

稿件一经刊用,即付稿酬,稿酬从优。

《刑事法律文件解读》　姜　峤　邮箱:bj85250573@126.com

《民事法律文件解读》　丁丽娜　邮箱:dlnlaw@163.com

《商事法律文件解读》　路建华　邮箱:shangshijiedu@126.com

《行政与执行法律文件解读》　张　奎　邮箱:271717306@qq.com

人民法院出版社

《最新法律文件解读》丛书编辑部